정은주 목사 **시편 묵상집**

하루 한 편
시편 읽기

가스펠 북스

월화수목금토일 4주간 매일 10분
하나님을 만나는 시간

복 있는 사람은 악인들의
꾀를 따르지 아니하며
죄인들의 길에 서지 아니하며
오만한 자들의 자리에
앉지 아니하고
오직 여호와의 율법을
즐거워하여 그의 율법을
주야로 묵상하는도다
_시편 1:1~2

시편은 히브리어로 '세페르 테힐림'이라고 하는데, 이는 '찬양들의 책'이라는 뜻입니다. 이스라엘 백성들의 하나님을 향한 믿음의 고백, 기도, 찬양의 내용이 이 시편에 담겨 있습니다.

모두 150편으로 이루어진 이 시편은 모세, 다윗, 솔로몬을 비롯한 여러 저자에 의해 기록되었는데 저자를 알 수 없는 것도 약 50여 편에 이릅니다.

누가복음 24장 44절을 보면 예수님께서 부활하신 후 제자들에게 나타나 "내가 너희와 함께 있을 때에 너희에게 말한 바 곧 모세의 율법과 선지자의 글과 시편에 나를 가리켜 기록된 모든 것이 이루어져야 하리라"라고 말씀하셨습니다.

예수님께서 시편을 직접 언급하실 정도로 이 시편에는 그리스도를 예표하는 내용이 다양하게 기록되어 있습니다. 시편을 통해서 우리는 영생과 구원에 대한 언약을 다시 확인할 수 있게 됩니다.

모든 독자 여러분이 매일 한 편 씩 이 시편을 묵상하면서 하나님께서 우리에게 베푸신 은혜인 영생과 구원에 대한 감사를 회복하게 되시기를 바랍니다.

2025년 10월 예원교회 담임목사

월하수목금토일 4주간 매일 10분
하나님을 만나는 시간

하루 한 편 시편 읽기

축복하시는 하나님

첫째 주

#복 시편 1편

복 있는 사람은 악인들의 꾀를 따르지 아니하며
죄인들의 길에 서지 아니하며
오만한 자들의 자리에 앉지 아니하고
오직 여호와의 율법을 즐거워하여
그의 율법을 주야로 묵상하는도다
그는 시냇가에 심은 나무가 철을 따라
열매를 맺으며 그 잎사귀가 마르지 아니함 같으니
그가 하는 모든 일이 다 형통하리로다
악인들은 그렇지 아니함이여
오직 바람에 나는 겨와 같도다
그러므로 악인들은 심판을 견디지 못하며
죄인들이 의인들의 모임에
들지 못하리로다 무릇 의인들의 길은
여호와께서 인정하시나
악인들의 길은 망하리로다 _시편 1:1-6

시편 1편의 저자는 알려지지 않았습니다. 그런데 이 시편 1편의 말씀을 보면, 시편의 서론으로서 시편이 가지고 있는 중심 사상을 보여 주고 있습니다. 1편은 '복 있는 사람'이라는 말로 시작해서 '망하리로다'라고 끝이 납니다. 사람들이 가장 좋아하는 '복', 그리고 가장 싫어하는 '망함'을 가지고 시작과 끝을 만들었습니다. 이는 시편 1편이 인생의 가장 근본적인 부분을 이야기하고 있음을 나타냅니다.

복 있는 사람은 악인들의 꾀를 따르지 아니하며 죄인들의 길에 서지 아니하며 오만한 자들의 자리에 앉지 아니하고 _시편 1:1

우리 인생은 선택의 삶이라고 볼 수 있습니다. 어떤 선택을 하느냐 따라서 모든 삶의 내용이 달라집니다. 시편 기자는 1절에서 복 있는 사람으로 살기 위해 선택하지 말아야 할 것에 대해 우선 밝히고 있습니다.

악인들의 꾀를 따르지 말라.
죄인들의 길에 서지 말라.
오만한 자들의 자리에 앉지 말라.

이 셋은 비슷한 것 같지만 차이가 있습니다. 죄 속으로 빠져들어가는 것을 점층적으로 나타낸 것입니다.
첫째로, 악인이란 하나님이 없는 사람을 가리킵니다. 그러니까 악인들의 꾀란 삶 속에 하나님이 없는 악한 생각을 말합니다. 이는 창세기 3장의 자기 중심, 6장의 물질 중심, 11장의 성공 중심의 삶을 살아가게 만듭니다. 이런 삶은 결국 영원한 저주 속에 빠지게 됩니다.

둘째로, 죄인은 목표가 없는 사람을 말합니다. 하나님 없는 삶에는 목표가 있을 수 없습니다. 목표라고 해봐야 자기 중심, 물질 중심, 성공 중심입니다. 즉 썩어질 서론에 매여 있는 삶을 살아갑니다.

셋째로, 오만한 자는 하나님을 거스르는 사람을 일컫습니다. 하나님 말씀을 듣지 않는 사람은 결국 하나님을 반역하게 됩니다.

그러니 이를 정리하자면, 하나님이 없는 악한 생각 속에 살면 죄인의 길게 들어서게 되고 여기서 더 나아가 오만한 자리에 주저앉게 된다는 결론이 나옵니다.

시편 기자는 이런 삶의 모습에 대해 '바람에 나는 겨와 같다'고 하였습니다. 그리고 '심판을 견디지 못하며 의인들의 모임에 들지 못한다'고 하고는 결국 '망하리로다'라고 결론을 맺습니다. 그리고 이와 반대로 우리가 삶 속에 채워야 할 것에 대한 이야기가 2절에 나옵니다.

> 오직 여호와의 율법을 즐거워하여 그의 율법을 주야로
> 묵상하는도다 _시편 1:2

우리가 적극적으로 채워야 할 것은 바로 여호와의 율법입니다. 이는

말씀을 세우는 삶을 말합니다. 말씀을 내 안에 세우는 것이 묵상이고, 삶의 현장에 세우는 것이 전도와 선교입니다.

> 그는 시냇가에 심은 나무가 철을 따라 열매를 맺으며 그 잎사귀가 마르지 아니함 같으니 그가 하는 모든 일이 다 형통하리로다 _시편 1:3

시편 기자는 말씀을 세운 삶의 모습이 마치 시냇가에 심은 나무와 같다고 말합니다. 이는 광야로 이루어진 이스라엘의 환경을 떠올려야 이해가 잘 됩니다. 마른 땅에 심은 나무는 잘 자라지 못하고 시들지만, 시냇가의 나무는 푸릇푸릇 잘 자랍니다. 마찬가지로 우리의 삶이 말씀의 핵심, 즉 예수 그리스도와 연결이 되어야 형통해 질 수 있습니다. 생명수 되시는 그리스도 안에 뿌리를 내려야 열매 맺는 삶을 살게 됩니다.

우리는 하나님 자녀입니다. 그러니 우리는 하나님 앞에 인정받는 삶을 살아야 합니다. 하나님 앞에 인정받는 삶이 바로 시편이 말하는 '복 있는 사람'의 정체성이라는 사실을 놓치지 마시기 바랍니다.

#빛 시편 2편

어찌하여 이방 나라들이 분노하며
민족들이 헛된 일을 꾸미는가
세상의 군왕들이 나서며 관원들이 서로 꾀하여
여호와와 그의 기름 부음 받은 자를 대적하며
우리가 그들의 맨 것을 끊고
그의 결박을 벗어 버리자 하는도다
하늘에 계신 이가 웃으심이여
주께서 그들을 비웃으시리로다
그 때에 분을 발하며 진노하사
그들을 놀라게 하여 이르시기를
내가 나의 왕을 내 거룩한 산 시온에 세웠다 하시리로다
내가 여호와의 명령을 전하노라
여호와께서 내게 이르시되
너는 내 아들이라 오늘 내가 너를 낳았도다
내게 구하라 내가 이방 나라를 네 유업으로 주리니
네 소유가 땅 끝까지 이르리로다
네가 철장으로 그들을 깨뜨림이여
질그릇 같이 부수리라 하시도다
그런즉 군왕들아 너희는 지혜를 얻으며
세상의 재판관들아 너희는 교훈을 받을지어다
여호와를 경외함으로 섬기고
떨며 즐거워할지어다 그의 아들에게 입맞추라
그렇지 아니하면 진노하심으로
너희가 길에서 망하리니 그의 진노가 급하심이라
여호와께 피하는 모든 사람은 다 복이 있도다 _시편 2:1~12

PSALMS

시편 2편의 말씀에는 우리가 현장에서 증거 있는 신앙생활을 해 나가도록 인도하는 내용이 담겨 있습니다. 이런 증거 있는 신앙생활을 통해 우리는 현장에 빛을 비출수 있게 됩니다. 이번 시편 2편 말씀을 보면서 우리는 삶의 현장에서 영적 무브먼트를 일으키면서 실제적인 언약의 도전을 해나가야 할 것입니다.

어찌하여 이방 나라들이 분노하며 민족들이 헛된 일을 꾸미는가 _시편 2:1

현장에 빛을 비추기 위해 가장 중요한 것은 그 현장의 영적 실상을 보는 눈이 열려야 한다는 점입니다. 그래야 그 현장에 맞는 전도 전략을 세울 수 있기 때문입니다.

그런데 하나님께서는 이 세상이 분노하며 헛된 일을 꾸미는 곳이라고 말씀하십니다. 세상 사람들이 하나님 뜻을 따라가는 것이 아니라, 무의미한 헛일을 하고 있다는 것입니다. 이는 어느 날 무너지고 말 바벨탑을 쌓는 것과 같습니다. 도대체 세상 사람들이 왜 이렇게 살아가는 것일까요?

세상의 군왕들이 나서며 관원들이 서로 꾀하여 여호와와 그의

기름 부음 받은 자를 대적하며 우리가 그들의 맨 것을 끊고
그의 결박을 벗어 버리자 하는도다 _시편 2:2~3

창조주 하나님의 섭리 가운데 있어야 할 인간이 하나님을 대적하는
위치에 서게 됐습니다. 이는 세상 욕심대로 살게 만드는 사탄의 전
략입니다. 그렇다면 이에 맞설 우리의 영적 자세는 어떤 것일까요?

하늘에 계신 이가 웃으심이여 주께서 그들을 비웃으시리로다
_시편 2:4

세상이 하나님을 대적하여도 그것은 하나님의 비웃음거리에 불과합
니다. 그 어떤 사탄의 전략도 하나님의 비웃음거리밖에 되지 않습니
다. 그러니 우리는 하나님의 절대주권적 역사하심을 믿고 담대하게
거침없이 나아가기만 하면 됩니다.

그 때에 분을 발하며 진노하사 그들을 놀라게 하여 이르시기를
내가 나의 왕을 내 거룩한 산 시온에 세웠다 하시리로다
내가 여호와의 명령을 전하노라 여호와께서 내게 이르시되
너는 내 아들이라 오늘 내가 너를 낳았도다 _시편 2:5~7

하나님 말씀을 끊으려고 하는 모든 시도는 결코 성공하지 못합니다.
그 근거가 무엇일까요? 바로 하나님께서 거룩한 산 시온에 새로운
왕을 세우셨다는 사실입니다. 그 왕이 바로 '내 아들' 곧 '예수 그리
스도'입니다.

내게 구하라 내가 이방 나라를 네 유업으로 주리니 네 소유가
땅 끝까지 이르리로다 네가 철장으로 그들을 깨뜨림이여
질그릇 같이 부수리라 하시도다 _시편 2:8~9

하나님께서는 예수 그리스도가 열방의 통치자가 되어서 땅끝까지
다스릴 것이라 말씀하고 있습니다. 예수 그리스도께서 철장(쇠몽둥
이) 권세를 가지고 마귀의 모든 궤계를 깨부술 것이라는 점을 강조
합니다.

그런즉 군왕들아 너희는 지혜를 얻으며 세상의 재판관들아
너희는 교훈을 받을지어다 여호와를 경외함으로 섬기고 떨며
즐거워할지어다 그의 아들에게 입맞추라 그렇지 아니하면
진노하심으로 너희가 길에서 망하리니 그의 진노가 급하심이
라 여호와께 피하는 모든 사람은 다 복이 있도다 _시편 2:10~12

여호와께 피하는 모든 사람은 다 복이 있습니다. 이는 여호와 하나
님을 의지하는 모든 자에게 복이 있다는 것을 말합니다. 우리는 그
저 하나님을 믿고, 하나님 자녀로서의 신분과 권세를 누리면 됩니다.

우리에게는 예수 그리스도를 통해 주어진 신분과 권세가 있습니다.
그러니 삶 속에서 우리 스스로를 제한할 필요가 없습니다. 담대하게
거침없이, 영적으로 직진하시기 바랍니다.

#평안 시편 3편

여호와여 나의 대적이 어찌 그리 많은지요
일어나 나를 치는 자가 많으니이다
많은 사람이 나를 대적하여 말하기를
그는 하나님께 구원을 받지 못한다 하나이다(셀라)
여호와여 주는 나의 방패시요 나의 영광이시요
나의 머리를 드시는 자이시니이다
내가 나의 목소리로 여호와께 부르짖으니
그의 성산에서 응답하시는도다(셀라)
내가 누워 자고 깨었으니
여호와께서 나를 붙드심이로다
천만인이 나를 에워싸 진 친다 하여도
나는 두려워하지 아니하리이다
여호와여 일어나소서 나의 하나님이여
나를 구원하소서
주께서 나의 모든 원수의 뺨을 치시며
악인의 이를 꺾으셨나이다
구원은 여호와께 있사오니
주의 복을 주의 백성에게 내리소서(셀라) _시편 3:1~8

PSALMS

시편 3편은 다윗이 그의 아들 압살롬에게 위협을 당해 피해 다닐 때 지은 시입니다. 반란을 일으킨 압살롬은 자신의 배다른 형제들을 죽이고 아버지인 다윗마저도 해치려 했습니다. 당시 다윗의 신하들과 백성들마저 등을 돌렸기 때문에 그는 황망히 피난을 떠날 수밖에 없었습니다. 하지만 이런 절박한 상황 속에서도 다윗은 자신을 배반한 이들을 절대 인간적으로 대적하지 않았습니다. 하나님을 바라보며 영적 대처를 했습니다.

"결코 두려워할 이유가 없다"는 것이 다윗이 내린 결론이었습니다. 그리고 이것은 우리가 가져야 할 영적 자세이기도 합니다. 하나님 자녀는 영원까지 보장된 신분이기 때문입니다. 그러므로 어떤 것도 두려워할 필요가 없습니다. 평안, 기쁨, 감사, 행복을 빼앗겨서는 안 됩니다.

> 여호와여 나의 대적이 어찌 그리 많은지요 일어나 나를 치는 자가 많으니이다 많은 사람이 나를 대적하여 말하기를 그는 하나님께 구원을 받지 못한다 하나이다 (셀라) _시편 3:1~2

압살롬에게 배반당한 다윗은 처참한 현실에 처했습니다. 많은 이들이 그를 가리키며 '하나님께 구원 받지 못할 것'이라 말했습니다. 하지만 다윗은 눈앞의 상황과 환경에 속지 않았습니다.

ㅈ·신이 가진 특권을 십분 활용했습니다. 바로 기도의 특권이었습니다 기도하는 사람은 결코 염려하거나, 걱정하거나, 불안해하지 않습ᅴ다.

여호와여 주는 나의 방패시요 나의 영광이시요 나의 머리를 드시는 자이시니이다 _시편 3:3

다윗은 가장 비참한 상황 속에서도 좌절과 낙망에 빠지지 않고 여호와의 이름을 불렀습니다. 기도는 하나님을 아버지라 부르는 자가 가진 특권입니다.

내가 나의 목소리로 여호와께 부르짖으니 그의 성산에서 응답하시는도다 (셀라) _시편 3:4

다윗은 여호와께 부르짖어 기도했습니다. 그런데 사실 이런 환란 중에 있으면 기도하기가 쉽지 않습니다. 낙심하여 실망하면 불신앙 0 찾아오기 마련입니다. 하지만 다윗은 달랐습니다. 문제가 찾아오ㅈ· 오히려 하나님께 부르짖어 기도했습니다. 하나님의 응답을 믿었ㄱ 때문입니다.

다윗은 응답하실 하나님에 대해 세 가지의 표현을 들어 말했습니다.

첫째, 주님이 그의 방패라는 것.

둘째, 주님이 그의 영광이라는 것.

셋째, 주님이 그의 머리를 드시는 자라는 것입니다.

기도하는 사람에게는 평안이 찾아옵니다. 다윗은 목숨이 경각에 달린 상황이었지만 기도 속에서 평안을 찾았기 때문에 잠이 들 수 있었습니다. 이처럼 기도하는 자에게 주시는 응답이 바로 평안입니다.

> 천만인이 나를 에워싸 진 친다 하여도 나는 두려워하지
> 아니하리이다 _시편 3:6

다윗은 결코 두려워하지 않았습니다. 하나님께서 함께하고 계심을 믿는 사람은 담대합니다. 영적 여유가 있게 됩니다.

> 여호와여 일어나소서 나의 하나님이여 나를 구원하소서
> 주께서 나의 모든 원수의 뺨을 치시며 악인의 이를 꺾으셨나
> 이다 구원은 여호와께 있사오니 주의 복을 주의 백성에게
> 내리소서(셀라) _시편 3:7~8

기도하는 사람은 결국 승리합니다. 하나님의 절대주권을 믿고 기도하면 참된 승리자의 삶을 살게 되는 것입니다. 우리는 이러한 승리의 확신을 가지고 생동감 있는 신앙생활을 해나가야 합니다.

#기쁨 _{시편 4편}

내 의의 하나님이여 내가 부를 때에 응답하소서
곤란 중에 나를 너그럽게 하셨사오니
내게 은혜를 베푸사 나의 기도를 들으소서
인생들아 어느 때까지 나의 영광을 바꾸어 욕되게 하며
헛된 일을 좋아하고 거짓을 구하려는가 (셀라)
여호와께서 자기를 위하여 경건한 자를 택하신 줄
너희가 알지어다
내가 그를 부를 때에 여호와께서 들으시리로다
너희는 떨며 범죄하지 말지어다
자리에 누워 심중에 말하고 잠잠할지어다 (셀라)
의의 제사를 드리고 여호와를 의지할지어다
여러 사람의 말이 우리에게 선을 보일 자 누구뇨 하오니
여호와여 주의 얼굴을 들어 우리에게 비추소서
주께서 내 마음에 두신 기쁨은 그들의 곡식과
새 포도주가 풍성할 때보다 더하니이다
내가 평안히 눕고 자기도 하리니
나를 안전히 살게 하시는 이는
오직 여호와이시니이다 _시편 4:1~8

PSALMS

시편 4편도 3편과 마찬가지로 다윗이 아들인 압살롬의 반역으로 인해 피난하던 중에 지은 시입니다. 3편은 아침기도, 4편은 저녁기도로 알려져 있는데 이 두 편이 한 쌍을 이루는 구조입니다.

3편에서 다윗은 고난의 밤을 지날 때 하나님께서 자신을 붙들어 주셔서 새 아침을 맞을 수 있었다고 고백합니다. 그리고 이어지는 4편에서 하나님께서 끝까지 지키고 보호하여 주실 것을 믿으며 그에 대한 기쁨을 노래하고 있습니다.

> 내 의의 하나님이여 내가 부를 때에 응답하소서 곤란 중에
> 나를 너그럽게 하셨사오니 내게 은혜를 베푸사 나의 기도를
> 들으소서 인생들아 어느 때까지 나의 영광을 바꾸어 욕되게
> 하며 헛된 일을 좋아하고 거짓을 구하려는가(셀라)
> _시편 4:1~2

이 시를 쓸 당시의 다윗은 매우 고통스럽고 곤궁한 하루하루를 보냈습니다. 아들과 신하들에게 배신을 당한 다윗은 참담한 마음이었습니다. 그런데 생명의 위협까지 당하는 이 고난의 현장 속에서 다윗의 행동이 어떠했습니까? 다윗은 하나님 앞에 무릎을 꿇었습니다.

다윗은 사실 목동시절부터 왕이 되기까지 수많은 어려움을 겪어왔습니다. 하지만 그 안에서도 하나님의 보호를 이미 체험하였고 많은 응답을 받았습니다. 그러니 지금 상황 속에서도 "곤란 중에 나를 너그렇게 하셨사오니"라고 고백하는 것입니다.

진퇴양난에 처해 있었지만 다윗의 시선은 주위 환경에 머무르지 않았습니다. 하나님과 소통하는 것을 최우선순위에 두었습니다.

> 여호와께서 자기를 위하여 경건한 자를 택하신 줄 너희가 알지
> 어다 내가 그를 부를 때에 여호와께서 들으시리로다 _시편 4:3

다윗은 확신하고 있었습니다. 하나님께서 자신을 쓰시기 위해 택하셨기 때문에 이 상황에 그대로 내버려 두지 않을 것이라 믿었습니다. 그러니 다윗은 "내가 그를 부를 때에 여호와께서 들으시리로다"라고 당당하게 선포할 수 있었습니다.

> 너희는 떨며 범죄하지 말지어다 자리에 누워 심중에 말하고
> 잠잠할지어다 (셀라) 의의 제사를 드리고 여호와를
> 의지할지어다 _시편 4:4~5

우리는 어려움에 처하면 분노하기 십상입니다. 그러면 감정에 치우쳐 일을 처리하게 됩니다. 분노는 마귀가 침투하는 통로 역할을 한다는 사실을 우리가 알아야 합니다. 분노는 상대를 죽이고 자기 자신까지 죽게 만듭니다. 그런데 다윗은 어떻습니까? 영적으로 속지 않

았던 다윗은 의의 제사를 드리고 여호와를 의지하겠다는 고백을 합니다. 그는 상대가 아무리 자신을 공격해도 분노하지 않았습니다. 사탄에게 전혀 틈을 주지 않고 하나님과의 영적 소통을 이어갔습니다.

> 여러 사람의 말이 우리에게 선을 보일 자 누구뇨 하오니
> 여호와여 주의 얼굴을 들어 우리에게 비추소서 _시편 4:6

다윗과 함께 도망쳤던 사람들은 고통스러운 상황을 견뎌내지 못했습니다. 그러면서 "누가 우리를 도와주겠느냐"라고 탄식했습니다. 이런 모습을 본 다윗이 "주의 얼굴을 비춰주소서"라고 기도합니다. 이는 민수기에 나오는 아론의 축복기도를 인용한 언약기도였습니다.

> 주께서 내 마음에 두신 기쁨은 그들의 곡식과 새 포도주가
> 풍성할 때보다 더하니이다 내가 평안히 눕고 자기도 하리니
> 나를 안전히 살게 하시는 이는 오직 여호와이시니이다
> _시편 4:7~8

다윗이 언약을 붙잡고 기도하자 응답이 임했습니다. 여기서 우리가 중요하게 보아야 할 부분은 다윗이 마음의 기쁨을 회복하였다는 사실입니다. 아직 어떤 환경의 변화가 없었음에도 다윗은 기쁨을 회복했습니다.

우리 기도의 응답은 결국 평안과 기쁨입니다. 하나님 앞에 온전히 맡기시기 바랍니다. 하나님께 모든 것을 맡기고 평안을 회복하면, 선하신 하나님께서 모든 것을 완벽하게 인도하여 주십니다.

#영광 시편 8편

여호와 우리 주여
주의 이름이 온 땅에 어찌 그리 아름다운지요
주의 영광이 하늘을 덮었나이다
주의 대적으로 말미암아
어린 아이들과 젖먹이들의 입으로
권능을 세우심이여
이는 원수들과 보복자들을
잠잠하게 하려 하심이니이다
주의 손가락으로 만드신 주의 하늘과
주께서 베풀어 두신 달과 별들을 내가 보오니
사람이 무엇이기에 주께서 그를 생각하시며
인자가 무엇이기에 주께서 그를 돌보시나이까
그를 하나님보다 조금 못하게 하시고
영화와 존귀로 관을 씌우셨나이다
주의 손으로 만드신 것을 다스리게 하시고
만물을 그의 발 아래 두셨으니
곧 모든 소와 양과 들짐승이며
공중의 새와 바다의 물고기와 바닷길에 다니는 것이니이다
여호와 우리 주여 주의 이름이 온 땅에
어찌 그리 아름다운지요 _시편 8:1~9

목동 시절의 다윗은 들에서 양을 칠 때 수금을 타며 하나님을 찬양하곤 했습니다. 이 시편 8편은 당시의 다윗이 들판에서 양을 치며 하나님을 찬양했던 노래입니다.

> 여호와 우리 주여 주의 이름이 온 땅에 어찌 그리 아름다운지요
> 주의 영광이 하늘을 덮었나이다 _시편 8:1

다윗은 우주만물을 창조하신 하나님의 영광이 온 땅에 가득 차 있다는 것을 영적으로 느꼈습니다. 그는 이러한 사실에 감격해 하나님을 찬양했던 것입니다.

양을 치며 온종일 목초지를 돌아다녔던 다윗은 해가 저물기 시작하면 안식처에 양을 모아놓고 자신도 그곳에 누웠습니다. 그러고는 밤하늘의 달과 별을 바라보며 창조주 하나님을 생각했습니다. 그러면 자연스럽게 하나님을 찬양하는 노래가 나올 수밖에 없었습니다. 우주를 창조하신 하나님의 솜씨에 감격하며 그 사랑과 은혜에 감사했던 것입니다.

> 주의 손가락으로 만드신 주의 하늘과 주께서 베풀어 두신
> 달과 별들을 내가 보오니 사람이 무엇이기에 주께서 그를 생각

하시며 인자가 무엇이기에 주께서 그를 돌보시나이까
_시편 8:3~4

하나님께서는 왜 우리를 사랑하실까요? 왜 보잘 것 없는 우리를 사랑하셔서 돌보시고 구원하여 주시는 것일까요? 다윗이 느꼈던 하나님의 사랑을 우리도 똑같이 체험해야 합니다. 하나님의 이 한없는 사랑을 느끼는 것이 바로 신앙생활입니다.

하나님께서는 어떠한 조건 없이 우리를 사랑하십니다. 하나님 자녀인 우리는 영원한 사랑의 대상입니다. 하나님께서 우리를 자녀로 삼으시고 영원히 사랑하신다는 사실을 우리는 분명하게 깨달아야 합니다 우리가 하나님 자녀라는 신분과 권세를 깨닫게 되면 우리의 삶이 달라집니다. 우리 자신의 영적 가치를 깨닫게 되면 영적 영향력을 입히는 삶을 살게 됩니다. 이를 통해 우리는 영적 존재감이 있는 신앙생활을 해 나갈 수 있게 되는 것입니다.

그를 하나님보다 조금 못하게 하시고 영화와 존귀로 관을
씌우셨나이다 _시편 8:5

우리는 하나님의 형상대로 창조된 존재입니다. 그런데 하나님보다는 영적 가치가 조금 못하게 지어졌습니다. 하나님께서는 창조주이시고 우리는 피조물이기 때문입니다. 하지만 이 피조물인 인간을 하나님께서는 영화롭고 존귀하게 만드셨습니다.

사실 영화와 존귀는 하나님께서 가지신 속성입니다. 하나님은 영화롭고 존귀하신 분입니다. 그런데 인간을 이런 하나님의 속성대로 창조하셨습니다. 이것이 바로 무엇과도 바꿀 수 없는 근원적 축복입니다. 우리의 신분은 하나님 자녀이며, 우리는 천국시민권자라는 사실을 한시도 잊어서는 안 됩니다.

> 주의 손으로 만드신 것을 다스리게 하시고 만물을 그의 발
> 아래 두셨으니 곧 모든 소와 양과 들짐승이며 공중의 새와
> 바다의 물고기와 바닷길에 다니는 것이니이다 _시편 8:6~8

하나님께서 인간에게 땅을 정복하고 모든 생물을 다스릴 권세를 주셨습니다. 목동이었던 다윗은 이러한 신분 의식, 권세 의식이 삶 속에 각인되어 있었습니다. 그러니 황량한 광야에서 양을 치다가 맹수에게 위협을 당해도 전혀 두려워하지 않았습니다. 하나님께서 주신 신분과 권세를 사실적으로 누렸던 것입니다.

우리는 우리 자신의 존재가치를 분명하게 깨달아야 합니다. 그럼으로써 우리에게 주어진 영적 권세를 삶 속에서 사용해야 합니다. 이를 통해 여러분 모두가 초월적 축복의 증인으로 서게 되시기를 바랍니다.

#즐거움 시편 16편

하나님이여 나를 지켜 주소서 내가 주께 피하나이다
내가 여호와께 아뢰되 주는 나의 주님이시오니
주 밖에는 나의 복이 없다 하였나이다
땅에 있는 성도들은 존귀한 자들이니
나의 모든 즐거움이 그들에게 있도다
다른 신에게 예물을 드리는 자는 괴로움이 더할 것이라
나는 그들이 드리는 피의 전제를 드리지 아니하며
내 입술로 그 이름도 부르지 아니하리로다
여호와는 나의 산업과 나의 잔의 소득이시니
나의 분깃을 지키시나이다
내게 줄로 재어 준 구역은 아름다운 곳에 있음이여
나의 기업이 실로 아름답도다
나를 훈계하신 여호와를 송축할지라
밤마다 내 양심이 나를 교훈하도다
내가 여호와를 항상 내 앞에 모심이여
그가 나의 오른쪽에 계시므로 내가 흔들리지 아니하리로다
이러므로 나의 마음이 기쁘고 나의 영도 즐거워하며
내 육체도 안전히 살리니
이는 주께서 내 영혼을 스올에 버리지 아니하시며
주의 거룩한 자를 멸망시키지 않으실 것임이니이다
주께서 생명의 길을 내게 보이시리니
주의 앞에는 충만한 기쁨이 있고
주의 오른쪽에는 영원한 즐거움이 있나이다_시편 16:1~11

———————————— PSALMS

시편 16편은 다윗이 생명의 위협을 받고 있던 상황에서 쓴 시입니다. 다윗은 죽느냐 사느냐하는 절체절명의 위기 상황에 있었지만 결코 절망과 좌절을 호소하지 않았습니다. 오히려 하나님의 축복에 대한 믿음, 영생에 대한 소망으로 가득 차 있었습니다. 지금의 위기를 하나님께서 주신 기회라고 여겼던 것입니다.

다윗은 전능자 하나님의 능력을 믿었기 때문에 죽을 위기 가운데서도 충만한 기쁨과 영원한 즐거움을 누릴 수 있었습니다. 우리의 신앙 생활에 정말 중요한 것이 바로 이 부분입니다. 어떤 생각을 가지느냐에 따라 삶이 달라집니다. 불신앙이 아닌 복음적 생각을 가질 때 하나님께서 우리로 하여금 만국을 기업으로 얻게 하십니다. 어떤 환경 속에 있더라도 하나님 언약에 대한 절대적인 믿음만 가지고 있다면 모든 것이 성취된다는 사실을 분명히 깨달아야 할 것입니다.

그렇다면 어떻게 해야 하나님을 신뢰하고 따라갈 수 있을까요? 이는 결코 어려운 것이 아닙니다. 강단의 흐름과 24시간 소통하면 됩니다. 말씀이 마음속에 확고하게 세워져 있으면 어떤 환경 속에 있더라도 상관이 없습니다. 사탄의 어떠한 공격도 소용이 없습니다. 강단의 흐름과 소통하며 말씀을 견고하게 세워 놓으면, 충만한 기쁨과 영원한 즐거움이 평생 함께하는 것입니다.

하나님이여 나를 지켜 주소서 내가 주께 피하나이다 내가
여호와께 아뢰되 주는 나의 주님이시오니 주 밖에는 나의 복이
없다 하였나이다 _시편 16:1~2

귀기에 처한 다윗이 하나님을 찾고 있습니다. 그런데 이런 상황 속
에서도 다윗은 전혀 하나님을 원망하지 않고 있습니다. 하나님께서
자신을 택하고 기름을 부어 주어 왕위에 올랐는데 이렇게 위기 상황
이 처했으니 원망하는 마음이 들 법도 합니다. 하지만 다윗은 원망과
불평 대신 하나님과의 더 깊은 소통 속으로 들어갔습니다.

나를 훈계하신 여호와를 송축할지라 밤마다 내 양심이 나를
교훈하도다 내가 여호와를 항상 내 앞에 모심이여 그가 나의
오른쪽에 계시므로 내가 흔들리지 아니하리로다 _시편 16:7~8

다윗이 위기 가운데 흔들리지 않고 하나님과 소통할 수 있었던 까
닭이 무엇일까요? 다윗은 위기가 닥쳤을 때에야 다급히 하나님께 무
릎 꿇었던 것이 아닙니다. 다윗은 그동안 밤이면 밤마다 하나님과 깊
은 소통을 해왔습니다. 언제나 밤이 되면 깊은 기도 속에서 하나님
과 대화했던 것입니다.

이런 소통 속에서 하나님을 늘 오른편에 모시고 있었기 때문에 위기
속에서도 흔들리지 않을 수 있었습니다. 하나님과 함께하는 축복을
누리고 있으니 문제가 더 이상 문제가 되지 않았던 것입니다.

이러므로 나의 마음이 기쁘고 나의 영도 즐거워하며 내 육체
도 안전히 살리니 이는 주께서 내 영혼을 스올에 버리지 아니
하시며 주의 거룩한 자를 멸망시키지 않으실 것임이니이다
주께서 생명의 길을 내게 보이시리니 주의 앞에는 충만한
기쁨이 있고 주의 오른쪽에는 영원한 즐거움이 있나이다
_시편 16:9~11

말씀과 기도가 구축된 삶이 얼마나 큰 복인지를 보여 주고 있습니다.
하나님의 길은 생명의 길입니다. 그러므로 하나님 자녀에게는 결코
멸망이 없습니다. 주님과 함께하는 삶에는 충만한 기쁨, 영원한 즐거
움이 있을 뿐입니다.

#축복 시편 19편

여호와의 율법은 완전하여 영혼을 소성시키며
여호와의 증거는 확실하여 우둔한 자를 지혜롭게 하며
여호와의 교훈은 정직하여 마음을 기쁘게 하고
여호와의 계명은 순결하여 눈을 밝게 하시도다
여호와를 경외하는 도는 정결하여 영원까지 이르고
여호와의 법도 진실하여 다 의로우니
금 곧 많은 순금보다 더 사모할 것이며
꿀과 송이꿀보다 더 달도다
또 주의 종이 이것으로 경고를 받고
이것을 지킴으로 상이 크니이다
자기 허물을 능히 깨달을 자 누구리요
나를 숨은 허물에서 벗어나게 하소서
또 주의 종에게 고의로 죄를 짓지 말게 하사
그 죄가 나를 주장하지 못하게 하소서
그리하면 내가 정직하여 큰 죄과에서 벗어나겠나이다
나의 반석이시요 나의 구속자이신 여호와여
내 입의 말과 마음의 묵상이
주님 앞에 열납되기를 원하나이다 _시편 19:7~14

PSALMS

시편 19편은 다윗이 지은 시입니다. 이 시는 크게 두 부분으로 나누어 볼 수 있습니다. 앞부분인 1절부터 6절까지는 자연에 계시된 하나님의 영광을 찬양하는 내용입니다. 그리고 뒷부분인 7절부터 14절에서는 하나님 말씀인 성경에 나타난 하나님의 영광을 찬양하고 있습니다.

자연과 성경은 모두 하나님을 증거하고 있습니다. 우리는 자연의 섭리를 통해 하나님을 알게 됩니다. 신비롭고 조화로운 자연을 보면서 하나님의 뜻을 깨닫습니다. 그리고 성경을 통해서도 우리는 하나님의 뜻을 알 수 있습니다. 성경은 하나님 말씀이기 때문에 그렇습니다. 말씀이 견고하게 세워지면 주님 앞에 열납되는 삶을 살게 됩니다. 다윗은 온 마음과 정성을 다해 하나님 말씀을 사모했습니다.

여호와의 율법은 완전하여 영혼을 소성시키며 여호와의 증거는 확실하여 우둔한 자를 지혜롭게 하며 여호와의 교훈은 정직하여 마음을 기쁘게 하고 여호와의 계명은 순결하여 눈을 밝게 하시도다 여호와를 경외하는 도는 정결하여 영원까지 이르고 여호와의 법도 진실하여 다 의로우니 _시편 19:7~9

다윗은 하나님 말씀을 가리켜 '율법', '증거', '교훈', '계명', '도',

'법' 등으로 표현하고 있습니다. 이는 하나님 말씀이 가진 다양한 능력을 나타내고 있는 것입니다.

율법이 완전하여 영혼을 소성시킨다는 것은 하나님 말씀이 생명을 살린다는 것을 말합니다. 말씀이 들어가면 그 영혼이 새롭게 되기 때문입니다.

증거가 확실하여 우둔한 자를 지혜롭게 한다는 것은 무엇을 말할까요? 하나님 말씀은 의심의 여지가 전혀 없는 절대진리입니다. 그렇기 때문에 말씀을 따라 살기만 하면 아무리 어리석은 자라도 지혜로운 삶을 살게 됩니다.

그리고 교훈이 정직하여 마음을 기쁘게 한다고 하였습니다. 하나님 말씀대로 살아가는 자에게 주어지는 가장 큰 축복이 바로 마음에 기쁨이 흘러넘친다는 사실입니다. 불안과 두려움은 말씀대로 살지 않을 때 찾아옵니다. 말씀대로만 살아가면 염려, 걱정 따위는 발붙일 틈기 없습니다.

다음으로, 순결하여 눈을 밝게 한다고 했습니다. 하나님 말씀은 우리의 영안을 열어줍니다. 그래서 분명하고 확실한 영적 판단을 할 수 있게 만듭니다. 말씀을 따라가면 넘어지거나 실패하지 않습니다. 영적 분별력이 생기기 때문입니다.

도, 여호와를 경외하는 도는 정결하여 영원까지 이릅니다. 여호와를 경외하는 삶이란 하나님 말씀을 붙잡는 삶을 말합니다. 하나님 말씀을 따라 살아가면 하나님께서 영원토록 책임져 주십니다.

마지막으로 여호와의 법은 진실하여 의롭다고 되어 있습니다. 말씀은 완전한 것입니다. 그렇기 때문에 우리 삶을 말씀으로 채워야 합니다. 강단에서 선포되는 말씀으로 견고한 믿음을 세워야 어떤 상황에서도 흔들리지 않습니다. 말씀을 붙잡아야 현장에서 승리할 수 있게 됩니다.

> 금 곧 많은 순금보다 더 사모할 것이며 꿀과 송이꿀보다
> 더 달도다 _시편 19:10

순금은 당시 사람들이 가장 귀하게 여기는 것이었습니다. 이는 지금도 마찬가지입니다. 그런데 다윗은 하나님 말씀을 이 순금보다 더 사모한다고 말했습니다. 사모한다는 것은 '우러러 받드는 것'을 일컫습니다. 다윗이 하나님 말씀을 얼마나 귀하게 여기는지를 보여 주는 표현입니다.

송이꿀보다 더 달다는 고백은 어떻습니까? 송이꿀은 당시 사람이 맛볼 수 있는 가장 최고의 음식입니다. 그런데 그것보다 더 달다는 것은 극한의 즐거움을 나타내는 말입니다. 우리도 하나님 말씀의 가치를 발견해야 합니다. 말씀을 따라가며 영원한 기쁨과 풍성한 행복을 누려야 할 것입니다.

하루 한 편 시편 읽기

응답하시는 하나님

둘째 주

#응답 시편 20편

환난 날에 여호와께서 네게 응답하시고
야곱의 하나님의 이름이 너를 높이 드시며
성소에서 너를 도와 주시고 시온에서 너를 붙드시며
네 모든 소제를 기억하시며
네 번제를 받아 주시기를 원하노라 (셀라)
네 마음의 소원대로 허락하시고
네 모든 계획을 이루어 주시기를 원하노라
우리가 너의 승리로 말미암아 개가를 부르며
우리 하나님의 이름으로 우리의 깃발을 세우리니
여호와께서 네 모든 기도를 이루어 주시기를 원하노라
여호와께서 자기에게 기름 부음 받은 자를
구원하시는 줄 이제 내가 아노니
그의 오른손의 구원하는 힘으로
그의 거룩한 하늘에서 그에게 응답하시리로다
어떤 사람은 병거, 어떤 사람은 말을 의지하나
우리는 여호와 우리 하나님의 이름을 자랑하리로다
그들은 비틀거리며 엎드러지고 우리는 일어나 바로 서도다
여호와여 왕을 구원하소서 우리가 부를 때에
우리에게 응답하소서 _시편 20:1~9

시편 20편은 사무엘하 10장을 배경으로 하고 있습니다. 당시 암몬 자손과 아람의 군대가 연합하여 이스라엘에 쳐들어오는 상황이었습니다. 그러자 다윗이 전쟁터로 나가면서 중보기도를 요청하는 내용이 바로 이 시편 20편입니다.

다윗은 전쟁터로 나가기 전, 기도문을 만들어 백성들에게 그대로 기도하라고 했습니다. 그는 막연한 기도를 요청한 것이 아니었습니다. 직접 기도문을 써서 응답 받을 기도를 해달라고 했던 것입니다.

다윗이 혼자 하나님께 기도할 수도 있었을 텐데 왜 이런 행동을 했을까요? 바로 중보기도의 힘을 알았기 때문입니다. 서로를 위해 함께 기도할 때 하나님께서 기뻐하시고 응답하여 주신다는 사실을 깨닫고 있었던 것입니다.

환난 날에 여호와께서 네게 응답하시고 야곱의 하나님의
이름이 너를 높이 드시며 성소에서 너를 도와 주시고 시온에서
너를 붙드시며 네 모든 소제를 기억하시며 네 번제를 받아
주시기를 원하노라 (셀라) 네 마음의 소원대로 허락하시고
네 모든 계획을 이루어 주시기를 원하노라 우리가 너의 승리로
말미암아 개가를 부르며 우리 하나님의 이름으로 우리의

깃발을 세우리니 여호와께서 네 모든 기도를 이루어 주시기를
원하노라 _시편 20:1~5

다윗은 이 시를 직접 써서 전쟁의 승리를 기원하는 제사를 드릴 때 백성들과 함께 낭독했습니다. 창조주 하나님께서 우리와 함께할 것이고, 승리로 이끌어 줄 것이라는 이 기도를 함께 드린 군사들에게는 어떤 마음이 들었을까요? 왕과 백성들이 함께 기도하였으니 군사들은 전쟁터에 나서기에 앞서 큰 힘을 얻을 수 있었습니다.

이를 통해 우리는 중보기도의 힘이 얼마나 큰 것인지를 알 수 있습니다. 부부, 가족 그리고 교회의 동역자가 함께 기도하면 하나님께서 크게 기뻐하십니다. 하나님께서 교회 공동체를 세우신 까닭이 무엇일까요? 함께 찬양하고, 함께 기도하면서 함께 신앙생활 하는 것이 하나님의 뜻입니다. 서로를 위해 기도하면서 영적 가족이 되어가야만 하는 것입니다.

여호와께서 자기에게 기름 부음 받은 자를 구원하시는 줄
이제 내가 아노니 그의 오른손의 구원하는 힘으로 그의 거룩한
하늘에서 그에게 응답하시리로다 어떤 사람은 병거,
어떤 사람은 말을 의지하나 우리는 여호와 우리 하나님의
이름을 자랑하리로다 그들은 비틀거리며 엎드러지고 우리는
일어나 바로 서도다 여호와여 왕을 구원하소서 우리가 부를
때에 우리에게 응답하소서 _시편 20:6~9

이스라엘 백성들도 전쟁에 나서는 다윗을 위해 중보기도를 하고 있습니다. 이들은 이미 승리에 대한 확신으로 가득 차 있었습니다. 하나님께서 함께하시니 반드시 승리할 것이라 믿고 있었습니다. 이것이 바로 하나님 자녀가 누리는 승리의 확신입니다. 우리는 이미 이겨 놓고 싸우는 것입니다.

다윗과 군사들은 모두가 승리에 대한 믿음이 굳건했습니다. 이런 믿음이 과연 어디에서 비롯된 것일까요? 강력한 무기, 많은 병력이 있어서가 아닙니다. 오직 전능하신 하나님의 능력에 의지하는 참된 믿음에서 비롯된 것입니다.

적들은 병거와 마병을 앞세우지만 우리는 하나님 이름만을 자랑하겠다는 고백입니다. 결국 이 전쟁에서 이스라엘은 700대의 병거와 4만의 마병을 물리치고 큰 승리를 거두었습니다.

하나님께서 함께하시면 이런 놀라운 역사를 경험하게 됩니다. 우리의 힘으로는 할 수 없는 것이지만 기도를 통해서 우리는 우리의 생각과 수준을 뛰어넘는 체험을 하게 됩니다. 이것이 바로 기도의 위력입니다.

하나님께서는 우리가 기도하며 구한 것보다 더 큰 것으로 응답하여 주십니다. 최고의 것, 최선의 것으로 반드시 응답하시는 하나님을 깊이 체험하시기 바랍니다.

#목자 시편 23편

여호와는 나의 목자시니 내게 부족함이 없으리로다
그가 나를 푸른 풀밭에 누이시며
쉴 만한 물 가로 인도하시는도다
내 영혼을 소생시키시고
자기 이름을 위하여 의의 길로 인도하시는도다
내가 사망의 음침한 골짜기로 다닐지라도
해를 두려워하지 않을 것은 주께서 나와 함께 하심이라
주의 지팡이와 막대기가 나를 안위하시나이다
주께서 내 원수의 목전에서 내게 상을 차려 주시고
기름을 내 머리에 부으셨으니 내 잔이 넘치나이다
내 평생에 선하심과 인자하심이 반드시 나를 따르리니
내가 여호와의 집에 영원히 살리로다

_시편 23:1~6

시편 23편은 우리에게 너무나도 익숙한 내용입니다. 시편 가운데서 가장 유명한 이 다윗의 고백은 전 세계의 많은 기독교인에게 사랑을 받고 있습니다. 무척이나 아름답고 주옥같은 믿음의 고백이기 때문에 읽을 때마다 은혜롭고 평안함을 느끼게 됩니다. 하지만 이 시편 23편은 사실 다윗이 평탄한 시절에 했던 고백이 아닙니다.

다윗은 극심한 역경의 시간표 속에서 이 고백을 했습니다. 그는 삶 속에서 닥치는 고난과 난관을 신앙의 힘, 오직 하나님을 의지하는 믿음 하나로 이겨냈던 것입니다.

여호와는 나의 목자시니 내게 부족함이 없으리로다 _시편 23:1

이스라엘의 많은 땅은 광야로 이루어져 있습니다. 땅의 대부분이 메마르고 황량합니다. 이런 환경 속에서 길러지는 양은 목자 없이 홀로 살아남기 힘듭니다. 양에게 있어서 목자는 절대적인 존재입니다. 목자가 없으면 양은 들판에서 맹수의 먹이가 되거나 황량한 땅에서 목마르고 굶어 죽을 수밖에 없습니다.

어린 시절 목동이었던 다윗은 이 사실을 너무나도 잘 알고 있었습니다. 그렇기 때문에 '여호와는 나의 목자'라는 이 말은 하나님께서 자신의 절대적인 배경이 된다는 고백입니다.

> 그가 나를 푸른 풀밭에 누이시며 쉴 만한 물 가로
> 인도하시는도다 _시편 23:2

'푸른 풀밭'과 '물 가'는 평안과 안식을 의미합니다. 우리가 목자이신 하나님의 인도를 따라가면 참된 평안과 안식을 얻게 되는 것입니다.

> 내 영혼을 소생시키시고 자기 이름을 위하여 의의 길로
> 인도하시는도다 _시편 23:3

양은 목자가 이끄는 대로 따라가기만 하면 됩니다. 신앙생활은 우리의 삶을 전적으로 하나님께 맡기는 것입니다. 목자이신 하나님께서는 우리의 영혼을 치유하시고 회복시켜 주십니다. 그리고 의의 길로 인도하십니다.

> 내가 사망의 음침한 골짜기로 다닐지라도 해를 두려워하지
> 않을 것은 주께서 나와 함께 하심이라 주의 지팡이와 막대기가
> 나를 안위하시나이다 _시편 23:4

우리가 의의 길을 갈 때 항상 평탄하지만은 않습니다. 삶 속에 다양한 문제와 사건이 오기 마련입니다. 하지만 우리는 그것을 결코 두려워할 필요가 없습니다. 하나님께서 함께하시기 때문입니다. 하나

님께서 우리를 지키고 보호하여 주신다는 것을 믿으시기 바랍니다.

> **주께서 내 원수의 목전에서 내게 상을 차려 주시고 기름을
> 내 머리에 부으셨으니 내 잔이 넘치나이다 _시편 23:5**

하나님께서는 우리에게 전화위복의 응답을 주시는 분입니다. 여기에 더해 넘치도록 풍성하게 축복을 더해 주십니다. 하나님께서 우리의 목자가 되실 때 우리 삶의 현장에 분명한 증거가 있게 되는 것입니다.

> **내 평생에 선하심과 인자하심이 반드시 나를 따르리니 내가
> 여호와의 집에 영원히 살리로다 _시편 23:6**

다윗은 하나님의 신실하신 사랑이 삶 속에서 평생 함께할 것임을 믿었습니다. 그러므로 자신은 영원토록 하나님의 축복을 누리는 존재임을 고백하고 있는 것입니다.

다윗은 시편 23편 내내 하나님의 완벽한 보호, 풍성한 은혜에 대해 이야기하고 있습니다. 이런 믿음의 고백, 감사의 고백이 우리의 삶 속에도 넘쳐나야 합니다. 이런 고백 속에서 목자이신 하나님께서 넘치도록 부어 주시는 축복을 매일매일 누리게 되시기를 바랍니다.

#승리 시편 27편

여호와는 나의 빛이요 나의 구원이시니
내가 누구를 두려워하리요
여호와는 내 생명의 능력이시니 내가 누구를 무서워하리요
악인들이 내 살을 먹으려고 내게로 왔으나
나의 대적들, 나의 원수들인 그들은 실족하여 넘어졌도다
군대가 나를 대적하여 진 칠지라도
내 마음이 두렵지 아니하며 전쟁이 일어나 나를 치려 할지라도
나는 여전히 태연하리로다
내가 여호와께 바라는 한 가지 일 그것을 구하리니
곧 내가 내 평생에 여호와의 집에 살면서
여호와의 아름다움을 바라보며
그의 성전에서 사모하는 그것이라
여호와께서 환난 날에 나를 그의 초막 속에 비밀히 지키시고
그의 장막 은밀한 곳에 나를 숨기시며 높은 바위 위에 두시리로다
이제 내 머리가 나를 둘러싼 내 원수 위에 들리리니
내가 그의 장막에서 즐거운 제사를 드리겠고
노래하며 여호와를 찬송하리로다 _시편 27:1~6

시편 27편은 다윗이 쓴 구원의 노래, 승리의 노래입니다. 이 시편 27편을 보면, 당시 생명의 위협을 당하던 다윗이 어떻게 그 두려움을 극복하고 승리의 확신을 가질 수 있었는지에 대한 비결을 알아볼 수 있습니다.

> 여호와는 나의 빛이요 나의 구원이시니 내가 누구를 두려워하리요 여호와는 내 생명의 능력이시니 내가 누구를 무서워하리요 악인들이 내 살을 먹으려고 내게로 왔으나 나의 대적들, 나의 원수들인 그들은 실족하여 넘어졌도다 군대가 나를 대적하여 진 칠지라도 내 마음이 두렵지 아니하며 전쟁이 일어나 나를 치려 할지라도 나는 여전히 태연하리로다 _시편 27:1~3

다윗은 악인, 대적, 원수들에 둘러싸인 절체절명의 위기에 놓여있었습니다. 하지만 두렵고 떨리는 이 상황 속에서도 그는 '여전히 태연하리로다'라는 고백을 합니다. 다윗은 어떻게 이 두려움을 극복할 수 있었을까요?

다윗은 오직 주만 바라보았습니다. 여호와 하나님만을 바라보니 저절로 안심하고 승리의 확신을 갖게 되었던 것입니다.

다윗은 목동이던 시절부터 두려움이 올 때마다 항상 여호와 하나님 만을 바라보고 의지했습니다. 그 '오직'의 마음으로 두려움을 초월하는 삶 수 있었던 것입니다.

지금이야 우리가 목동을 떠올리면 낭만적인 생각이 들 수 있지만 실제로는 당시 목동의 삶은 그렇지 않았습니다. 황량한 벌판을 떠돌면서 양들에게 먹일 풀을 찾아다녀야 했습니다. 낮에는 뜨거운 태양, 밤에는 추위와 싸워야 했고, 들짐승에게 위협을 당하는 일도 많았습니다.

그리고 왕이 되기까지의 과정에서는 사울왕에게 죽임을 당할 뻔 했고, 왕이 된 이후에는 반란을 피해 피난길에 오르기까지 했습니다.

이런 위기의 순간마다 다윗은 기도로 간구하며 그 위험을 넘겼습니다. 그가 오직 주만을 바라보고 기도할 수 있었던 이면에는 하나님께서 반드시 응답하여 주실 것이라는 확신이 있었습니다. 기도응답의 확신을 갖고 있었기 때문에 모든 두려움을 초월해 승리의 삶을 살 수 있었던 것입니다.

다윗은 하나님께서 자신의 빛이며, 구원이시고, 생명의 능력이라고 고백했습니다. 하나님께서 자신의 삶을 완벽하게 보호하시고 인도하시기 때문에 전혀 두려워할 까닭이 없었습니다.

내가 여호와께 바라는 한 가지 일 그것을 구하리니 곧 내가 내

평생에 여호와의 집에 살면서 여호와의 아름다움을 바라보며 그의 성전에서 사모하는 그것이라 여호와께서 환난 날에 나를 그의 초막 속에 비밀히 지키시고 그의 장막 은밀한 곳에 나를 숨기시며 높은 바위 위에 두시리로다 이제 내 머리가 나를 둘러싼 내 원수 위에 들리리니 내가 그의 장막에서 즐거운 제사를 드리겠고 노래하며 여호와를 찬송하리로다
_시편 27:4~6

다윗에게 있어서 가장 큰 소원은 하나님의 성전에서 오직 하나님만을 바라보는 것이었습니다. 하나님을 더 깊이 사랑하고, 하나님 뜻을 더 깊이 알아가는 것에 삶의 모든 초점이 맞춰져 있었던 것입니다. 이렇게 오직 하나님만을 바라보았기 때문에 명확한 승리의 확신을 가질 수 있었습니다.

우리 삶의 원동력도 하나님만을 바라보는 예배가 되어야 할 것입니다. 예배를 통해 하나님을 더 깊이 사랑하고, 하나님 뜻을 더 깊이 알아가야 합니다. 하나님의 성전에서 예배에 성공하는 것이 바로 모든 역경을 딛고 승리하는 비결이라는 사실을 반드시 깨닫게 되시기를 바랍니다.

#체험 시편 34편

내가 여호와를 항상 송축함이여
내 입술로 항상 주를 찬양하리이다
내 영혼이 여호와를 자랑하리니
곤고한 자들이 이를 듣고 기뻐하리로다
나와 함께 여호와를 광대하시다 하며 함께 그의 이름을 높이세
내가 여호와께 간구하매 내게 응답하시고
내 모든 두려움에서 나를 건지셨도다
그들이 주를 앙망하고 광채를 내었으니
그들의 얼굴은 부끄럽지 아니하리로다
이 곤고한 자가 부르짖으매 여호와께서 들으시고
그의 모든 환난에서 구원하셨도다
여호와의 천사가 주를 경외하는 자를 둘러 진 치고
그들을 건지시는도다
너희는 여호와의 선하심을 맛보아 알지어다
그에게 피하는 자는 복이 있도다
너희 성도들아 여호와를 경외하라
그를 경외하는 자에게는 부족함이 없도다
젊은 사자는 궁핍하여 주릴지라도
여호와를 찾는 자는 모든 좋은 것에 부족함이 없으리로다

_시편 34:1~10

PSALMS

시편 34편은 다윗이 쓴 시입니다. 다윗은 하나님을 체험한 대표적인 인물 중 하나입니다. 그는 자신의 삶을 통해 하나님의 사랑과 역사를 체험했습니다. 시편 34편은 바로 다윗의 이 체험에 대한 고백을 담고 있습니다.

> 내가 여호와를 항상 송축함이여 내 입술로 항상 주를 찬양하리이다 내 영혼이 여호와를 자랑하리니 곤고한 자들이 이를 듣고 기뻐하리로다 _시편 34:1~2

다윗은 항상 모여 찬양하며 예배하겠다고 고백했습니다. 다윗의 입에서는 하나님을 향한 찬양이 24시간 흘러넘쳤던 것입니다. 그런데 그에게 무슨 좋은 일이 생겨서 하나님을 찬양한 것이 아니었습니다. 사실 다윗이 처한 상황은 그와는 반대였습니다.

다윗은 이 당시에 사울왕에게 위협을 당해 도망다니던 신세였습니다. 이런 죽음의 위기 앞에서 보통 사람이라면 원망하고 불평하는 것이 당연했을 것입니다.

하지만 목동 시절부터 하나님의 절대주권적인 삶을 살았던 다윗은 위기를 대하는 자세가 남달랐습니다. 영적인 눈을 열고 하나님의 뜻과 계획을 보았습니다. 죽음의 위협 속에서도 흔들리지 않고 하나님을 신뢰했던 것입니다.

> 내가 여호와께 간구하매 내게 응답하시고 내 모든 두려움에서
> 나를 건지셨도다 그들이 주를 앙망하고 광채를 내었으니
> 그들의 얼굴은 부끄럽지 아니하리로다 이 곤고한 자가 부르짖
> 으매 여호와께서 들으시고 그의 모든 환난에서 구원하셨도다
> 여호와의 천사가 주를 경외하는 자를 둘러 진 치고 그들을
> 건지시는도다 _시편 34:4~7

다윗은 구구절절하게 자신을 구하신 하나님을 찬양합니다. 처참한 환경 가운데서도 하나님께서 모든 문제를 해결하여 주실 것임을 고백했습니다.

이처럼 고난과 시련이 닥치면 원망하고 불평하는 것이 아니라 하나님을 바라보아야 합니다. 이 역경의 시간표 속에서 하나님께서 어떻게 역사하실 지를 기대해야 합니다.

> 너희는 여호와의 선하심을 맛보아 알지어다 그에게 피하는
> 자는 복이 있도다 _시편 34:8

다윗은 자신이 여호와 하나님의 역사하심을 체험했던 것을 간증하면서 그 체험 신앙을 다른 이에게 전파하고 있습니다. 그는 여호와의 선하심을 체험했기 때문에 그것을 고백하고 전할 수 있었습니다.

우리도 마찬가지입니다. 우리가 먼저 신앙생활을 통해, 예배를 통해 여호와 하나님의 선하심을 맛보아야 비로소 그것을 다른 사람에게 전할 수 있게 됩니다. 예배, 말씀, 기도를 통해 은혜를 누리고 신앙생활의 기쁨과 즐거움을 맛보시기 바랍니다.

> 너희 성도들아 여호와를 경외하라 그를 경외하는 자에게는 부족함이 없도다 젊은 사자는 궁핍하여 주릴지라도 여호와를 찾는 자는 모든 좋은 것에 부족함이 없으리로다 _시편 34:9~10

여호와를 찾는 자는 모든 좋은 것에 부족함이 없게 됩니다. 설령 지금 고난과 시련 속에 있더라도 결코 낙심할 필요가 없습니다. 하나님께서 곧 모든 것을 채워 주실 것이기 때문입니다. 신앙생활 속에서, 예배 속에서 넘치도록 더하여 주시는 하나님을 만나고 체험하게 되시기를 바랍니다.

#맡김 시편 37편

악을 행하는 자들 때문에 불평하지 말며
불의를 행하는 자들을 시기하지 말지어다
그들은 풀과 같이 속히 베임을 당할 것이며
푸른 채소 같이 쇠잔할 것임이로다
여호와를 의뢰하고 선을 행하라 땅에 머무는 동안
그의 성실을 먹을 거리로 삼을지어다
또 여호와를 기뻐하라
그가 네 마음의 소원을 네게 이루어 주시리로다
너 길을 여호와께 맡기라 그를 의지하면 그가 이루시고
너 의를 빛 같이 나타내시며
너 공의를 정오의 빛 같이 하시리로다
여호와 앞에 잠잠하고 참고 기다리라
자기 길이 형통하며 악한 꾀를 이루는 자 때문에 불평하지 말지어다
분을 그치고 노를 버리며 불평하지 말라
오히려 악을 만들 뿐이라 진실로 악을 행하는 자들은 끊어질 것이나
여호와를 소망하는 자들은 땅을 차지하리로다
잠시 후에는 악인이 없어지리니
네가 그 곳을 자세히 살필지라도 없으리로다
그러나 온유한 자들은 땅을 차지하며
풍성한 화평으로 즐거워하리로다 _시편 37:1~11

PSALMS

시편 37편은 다윗이 인생 말년에 지은 시입니다. 그의 체험적 고백이기도 한 이 시에서 다윗은 불평하지 말라는 표현을 반복해서 사용하고 있습니다. 다윗의 삶을 되돌아보면 불평할 요소가 너무나도 많았습니다. 죽음의 위기를 숱하게 넘겼던 고난과 시련의 삶이었습니다. 하지만 다윗은 어떤 상황 속에서도 결코 불평하지 않았습니다. 하나님의 절대주권을 굳게 믿고 있었기 때문입니다.

> 악을 행하는 자들 때문에 불평하지 말며 불의를 행하는 자들을 시기하지 말지어다 그들은 풀과 같이 속히 베임을 당할 것이며 푸른 채소 같이 쇠잔할 것임이로다 _시편 37:1~2

들판에 비가 오고 나면 풀들이 쑥쑥 자랍니다. 하지만 낫질 한 번에 싹 베임을 당하고 없어집니다. 그리고 푸르고 싱싱해 보이는 채소도 며칠 지나고 나면 시들고 맙니다.

우리 인생도 마찬가지입니다. 당장은 악인이 득세하는 것처럼 보여도 그들이 갈 길은 결국 패망의 길입니다. 그들은 곧 없어질 것이기 때문에 그들로 인해 불평할 까닭이 없다는 것입니다.

그렇기 때문에 당장 눈앞에 펼쳐지는 상황에 일희일비할 필요가 없습니다. 하나님의 시간표를 보는 영적 눈을 열고, 하나님께서 결국 이루실 일을 기대하시기 바랍니다.

> 여호와를 의뢰하고 선을 행하라 땅에 머무는 동안 그의 성실을 덕을 거리로 삼을지어다 또 여호와를 기뻐하라 그가 네 마음의 소원을 네게 이루어 주시리로다 네 길을 여호와께 맡기라 그를 의지하면 그가 이루시고 네 의를 빛 같이 나타내시며 네 공의를 정오의 빛 같이 하시리로다 _시편 37:3~6

다윗은 하나님의 역사를 체험하는 삶을 살기 위한 방법 세 가지를 말하고 있습니다.

첫째는 '여호와를 의뢰하라'는 것입니다. 이 '의뢰하다'라는 말은 원어로 볼 때 '끈을 매다'라는 뜻을 갖고 있습니다. 그러므로 여호와를 의뢰한다는 것은 창조주 하나님과 단단하게 연결하는 것을 의미합니다. 다시 말해 하나님과 완전히 소통하는 삶을 살라는 권면입니다.

둘째는 '여호와를 기뻐하라'는 것입니다. 인간의 존재 목적, 우리가 신앙생활을 하는 목적이 무엇일까요? 바로 하나님을 영화롭게 하고 즐겁게 살아가는 것입니다. 하나님을 기쁘게 하는 삶을 살면 그 안에서 세상이 줄 수 없는 기쁨을 느끼게 됩니다. 신앙생활은 하나님과 이런 기쁨의 영적 교제를 나누는 것입니다.

셋째는 '네 길을 여호와께 맡기라'는 것입니다. 신앙생활을 하면서 응답을 받느냐 못 받느냐는 하나님께 얼마나 맡기느냐에 달려 있습니다. 자기 수준, 자기 생각을 버려야 합니다. 모든 것을 내려놓고 하나님을 의지하면 하나님께서 완벽하게 이루어 주십니다.

 하나님께 의뢰하고, 하나님을 기쁘시게 하시고, 하나님께 맡기는 것이 바로 하나님 역사를 체험하는 방법입니다. 오뚝이를 아무리 넘어뜨려도 다시 일어나듯, 하나님이 우리의 영적 무게 중심이 되면 어떤 고난과 시련 속에서도 결코 넘어지지 않습니다. 잠깐 비틀거려도 다시 일어나게 됩니다.

 실패했어도, 어려움이 닥치더라도 결코 좌절하거나 불평할 필요가 없습니다. 하나님께 온전히 맡기는 삶 속에서 다시 일어나게 되시기를 바랍니다.

#소망 시편 42편

하나님이여 사슴이 시냇물을 찾기에 갈급함 같이
내 영혼이 주를 찾기에 갈급하니이다
내 영혼이 하나님 곧 살아 계시는 하나님을 갈망하나니
내가 어느 때에 나아가서 하나님의 얼굴을 뵈올까
사람들이 종일 내게 하는 말이 네 하나님이 어디 있느뇨 하오니
내 눈물이 주야로 내 음식이 되었도다
내가 전에 성일을 지키는 무리와 동행하여
기쁨과 감사의 소리를 내며 그들을 하나님의 집으로 인도하였더니
이제 이 일을 기억하고 내 마음이 상하는도다
내 영혼아 네가 어찌하여 낙심하며 어찌하여 내 속에서 불안해 하는가
너는 하나님께 소망을 두라
그가 나타나 도우심으로 말미암아 내가 여전히 찬송하리로다
내 하나님이여 내 영혼이 내 속에서 낙심이 되므로
내가 요단 땅과 헤르몬과 미살 산에서 주를 기억하나이다
주의 폭포 소리에 깊은 바다가 서로 부르며
주의 모든 파도와 물결이 나를 휩쓸었나이다
낮에는 여호와께서 그의 인자하심을 베푸시고
밤에는 그의 찬송이 내게 있어 생명의 하나님께 기도하리로다
내 반석이신 하나님께 말하기를 어찌하여 나를 잊으셨나이까
내가 어찌하여 원수의 압제로 말미암아 슬프게 다니나이까 하리로다
내 뼈를 찌르는 칼 같이 내 대적이 나를 비방하여
늘 내게 말하기를 네 하나님이 어디 있느냐 하도다
내 영혼아 네가 어찌하여 낙심하며
어찌하여 내 속에서 불안해 하는가 너는 하나님께 소망을 두라
나는 그가 나타나 도우심으로 말미암아
내 하나님을 여전히 찬송하리로다 _시편 42:1~11

시편 42편은 고라 자손이 지은 시입니다. 이 시편의 표제어는 '고라 자손의 마스길, 인도자를 따라 부르는 노래'라고 되어 있습니다. '마스길'은 '깨닫다', '생각하다'라는 뜻입니다. 따라서 이 시편 42편은 '교훈을 주는 시'라고 할 수 있습니다.

고라는 레위의 증손자로 모세와는 사촌지간이었습니다. 그런데 모세와 아론이 이스라엘의 지도자가 된 모습을 본 그는 자신도 높은 자리로 올라가고 싶다는 욕심이 생겼습니다. 그래서 고라는 무리를 만들어 모세와 아론을 비방하며 그 권위에 도전을 했습니다.

하지만 이는 하나님에 대한 도전이나 마찬가지였습니다. 그래서 그는 결국 자신의 무리와 함께 하나님의 심판을 받게 되었습니다. 그를 따르던 무리와 남은 자손이 모두 하나님의 심판을 받아 몰살을 당했는데 고라의 반역에 참여하지 않았던 세 아들만은 하나님의 심판을 받지 않았습니다.

고라의 세 아들과 후손들은 고라를 반면교사로 삼아 하나님께서 세우신 권위에 절대 도전하지 않았습니다. 오직 하나님께만 소망을 두는 삶을 살았습니다. 이에 하나님께서는 고라의 자손들에게 다양한 직분을 주어 일을 맡기셨습니다. 고라 자손들은 성전의 출입을 관리

하고, 기물을 지키며, 성전 회막 앞에서 찬송을 하는 등의 직분을 감당했는데 하나님께 크게 쓰임을 받았던 선지자 사무엘도 바로 이 고라의 자입니다.

> 하나님이여 사슴이 시냇물을 찾기에 갈급함 같이 내 영혼이 주를 찾기에 갈급하니이다 _시편 42:1

하나님께만 소망을 두는 삶을 목마른 사슴의 갈급함에 비유하고 있습니다. 우리 신앙생활의 자세가 이와 같아야 합니다. 절박한 마음으로 예배를 사모하고, 말씀을 사모해야 합니다. 간절한 마음을 가지고 강단 메시지를 붙잡으시기 바랍니다. 하나님 말씀이 내면에 각인되고, 뿌리내려, 체질화될 때 비로소 믿음의 성장이 일어나게 됩니다.

> 내 영혼이 하나님 곧 살아 계시는 하나님을 갈망하나니 내가 어느 때에 나아가서 하나님의 얼굴을 뵈올까 사람들이 종일 내게 하는 말이 네 하나님이 어디 있느뇨 하오니 내 눈물이 주야로 내 음식이 되었도다 내가 전에 성일을 지키는 무리와 동행하여 기쁨과 감사의 소리를 내며 그들을 하나님의 집으로 인도하였더니 이제 이 일을 기억하고 내 마음이 상하는도다 _시편 42:2~4

정확한 이유는 밝혀져 있지 않지만 시편 기자는 예루살렘에서 멀어져 성전에서 예배를 드릴 수 없는 형편에 처한 상황입니다. 이에 그가 하나님의 성전에서 예배를 드리지 못하는 안타까운 마음을 표현하고 있는 것입니다. 이처럼 예배를 사모하는 마음이 우리 가슴에 있어야 합니다. 그래야 예배를 통해 참 자유함을 누리고 생명력 넘치는 신앙생활을 하게 됩니다.

> 내 영혼아 네가 어찌하여 낙심하며 어찌하여 내 속에서 불안해 하는가 너는 하나님께 소망을 두라 그가 나타나 도우심으로 말미암아 내가 여전히 찬송하리로다 내 하나님이여 내 영혼이 내 속에서 낙심이 되므로 내가 요단 땅과 헤르몬과 미살 산에서 주를 기억하나이다 주의 폭포 소리에 깊은 바다가 서로 부르며 주의 모든 파도와 물결이 나를 휩쓸었나이다 낮에는 여호와께서 그의 인자하심을 베푸시고 밤에는 그의 찬송이 내게 있어 생명의 하나님께 기도하리로다
> _시편 42:5~8

하나님께만 소망을 두는 삶을 구체적으로 표현하자면, 함께 모여서 기도하고, 찬송하는 것이 체질화된 것을 말합니다. 기도와 찬송이 넘치는 삶에는 낙심과 좌절이 틈탈 수 없게 됩니다.

시편 42편 5절과 11절에는 '여전히 찬송하리로다'라는 표현이 나옵니다. 이는 어떤 어려운 상황 속에서도 찬송하겠다는 고백입니다. 하나님을 향한 절대 믿음을 나타내고 있는 것입니다.

하나님께서 우리와 영원토록 함께하십니다. 그러니 우리는 어떤 절망 속에서도 기도하고 찬송할 수 있습니다. 하나님을 향한 절대 믿음을 가지고 참 소망의 삶을 살아가시기 바랍니다.

#기도 시편 61편

ㅎ-나님이여 나의 부르짖음을 들으시며

내 기도에 유의하소서

내 마음이 약해 질 때에 땅 끝에서부터

주께 부르짖으오리니

ㄴ-보다 높은 바위에 나를 인도하소서

주는 나의 피난처시요 원수를 피하는

견고한 망대이심이니이다

내가 영원히 주의 장막에 머물며

내가 주의 날개 아래로 피하리이다 (셀라)

주 하나님이여 주께서 나의 서원을 들으시고

주의 이름을 경외하는 자가 얻을 기업을 내게 주셨나이다

주께서 왕에게 장수하게 하사

그의 나이가 여러 대에 미치게 하시리이다

그가 영원히 하나님 앞에서 거주하리니

인자와 진리를 예비하사 그를 보호하소서

그리하시면 내가 주의 이름을 영원히 찬양하며

매일 나의 서원을 이행하리이다

_시편 61:1~8

시편 61편은 다윗의 시입니다. 당시의 다윗은 아들 압살롬의 반역으로 쫓기고 있던 상태였습니다. 광야로 도망쳐 고통 속에서 부르짖은 기도가 바로 시편 61편입니다.

하나님이여 나의 부르짖음을 들으시며 내 기도에 유의하소서
내 마음이 약해 질 때에 땅 끝에서부터 주께 부르짖으오리니
나보다 높은 바위에 나를 인도하소서 _시편 61:1~2

다윗은 자신이 지금 땅끝에서부터 주께 부르짖는다고 표현하고 있습니다. 더 이상 도망 갈 곳이 없는 낭떠러지까지 몰린 상태였던 것입니다. 그런데 다윗은 압살롬의 군대가 자신을 잡기 위해 진을 치고 있는 이 풍전등화의 상황에서도 결코 좌절하지 않았습니다. 보통 사람이라면 기도는커녕 모든 것을 포기할 법한 이 때 다윗은 여호와 하나님을 향해 부르짖었습니다.

이 기도에서 그는 하나님을 일컬어 '나보다 높은 바위'라고 표현했습니다. 이는 창조주 하나님께 완전히 엎드린 모습을 나타냅니다. 폭풍우 속에서도 요동치지 아니할 견고한 바위가 되심을 고백한 것입니다.

이러한 고백 속에서 다윗은 비명에 가깝게 하나님을 향해 부르짖으며 기도했습니다. 매우 절박한 심정으로 하나님을 찾았던 것입니다. 이렇게 하나님을 간절히 찾으며 기도할 때 하나님의 능력을 사실적으로 체험하게 됩니다.

> 주는 나의 피난처시요 원수를 피하는 견고한 망대이심이
> 니이다 내가 영원히 주의 장막에 머물며 내가 주의 날개 아래로
> 피하리이다 (셀라) _시편 61:3~4

다윗은 하나님께서 피난처가 되심을 고백했습니다. 피난처는 평안을 의미합니다. 어떤 상황 속에 있더라도 하나님께서 지키고 보호하여 주시니 평안하다는 것입니다. 이러한 평안의 통로가 바로 기도입니다. 고난과 고통 속에서도 기도를 통해 주께 피하면 참된 평안이 있게 됩니다. 다윗은 바로 이 기도의 비밀을 알고 있었습니다. 그렇기 때문에 하나님 앞에 부르짖는 기도를 하고 있는 것입니다.

이어서 다윗은 하나님을 일컬어 견고한 망대이시라고 고백합니다. 이 망대는 적들의 공격으로부터 안전한 요새를 말합니다. 다윗은 하나님께서 굳건한 요새가 되어 자신을 지켜주신다고 고백하고 있는 것입니다.

다음으로 다윗은 주의 장막에 머문다고 말합니다. 장막은 안식처입니다. 이 장막 안에서 우리는 하나님의 임재를 실제적으로 체험하게 됩니다.

이어서는 주의 날개 아래 피할 것이라고 기도했습니다. 어미 새의 날개 아래 보호받는 아기 새의 모습을 떠올려본다면 다윗의 고백을 쉽게 이해할 수 있습니다. 다윗은 여호와 하나님 안에서 참된 위로와 안식을 누렸던 것입니다.

> 주 하나님이여 주께서 나의 서원을 들으시고 주의 이름을 경외하는 자가 얻을 기업을 내게 주셨나이다 주께서 왕에게 장수하게 하사 그의 나이가 여러 대에 미치게 하시리이다 그가 영원히 하나님 앞에서 거주하리니 인자와 진리를 예비 하사 그를 보호하소서 그리하시면 내가 주의 이름을 영원히 찬양하며 매일 나의 서원을 이행하리이다 _시편 61:5~8

다윗은 하나님께서 자신의 기도를 들으시고 분명히 응답하여 주실 것이라는 확신을 가지고 있었습니다. 그렇기 때문에 그는 하나님께서 이미 모든 것을 회복시켜 주셨다는 현재완료형의 고백을 하고 있는 것입니다.

우리의 기도도 이래야 합니다. 문제와 고난 속에 있다면 하나님께서 모든 것을 해결하여 주셨다고 고백하고 감사의 기도를 하시기 바랍니다. 우리는 기도 응답의 특권을 가지고 있는 하나님 자녀입니다. 언약 잡은 기도를 통해 하나님의 초월적 축복을 체험하시기를 바랍니다.

하루 한 편 시편 읽기

함께하시는 하나님

셋째 주

#사명 시편 67편

하나님은 우리에게 은혜를 베푸사 복을 주시고

그의 얼굴 빛을 우리에게 비추사 (셀라)

주의 도를 땅 위에, 주의 구원을

모든 나라에게 알리소서

하나님이여 민족들이 주를 찬송하게 하시며

모든 민족들이 주를 찬송하게 하소서

온 백성은 기쁘고 즐겁게 노래할지니

주는 민족들을 공평히 심판하시며

땅 위의 나라들을 다스리실 것임이니이다 (셀라)

하나님이여 민족들이 주를 찬송하게 하시며

모든 민족으로 주를 찬송하게 하소서

땅이 그의 소산을 내어 주었으니

하나님 곧 우리 하나님이 우리에게 복을 주시리로다

하나님이 우리에게 복을 주시니

땅의 모든 끝이 하나님을 경외하리로다

_시편 67:1~7

시편 67편은 선교적인 내용을 담고 있습니다. 시편 67편의 기자는 모든 열방이 하나님을 알게 되기를 바라며 이 시를 썼습니다.

> 하나님은 우리에게 은혜를 베푸사 복을 주시고 그의 얼굴 빛을 우리에게 비추사 (셀라) 주의 도를 땅 위에, 주의 구원을 모든 나라에게 알리소서 _시편 67:1~2

주의 도와 구원의 사역이 모든 나라의 열방에 전파되기를 간구하는 내용으로 시편 67편이 시작됩니다. '주의 도'는 계시된 하나님의 말씀을 의미합니다. 그리고 그 말씀의 핵심이 바로 구원 사역이 되는 것입니다. 이 구원을 모든 나라에 알리는 것은 선교입니다. 이 시편 67편은 선교적 목적을 가지고 있습니다.

이 시편 67편 기자는 하나님 말씀의 본질을 붙잡았습니다. 하나님 은혜와 축복이 이스라엘 백성을 넘어 모든 민족에게 확장되기를 바라고 있었던 것입니다.

우리의 기도가 이래야 합니다. 세상적인 것을 구하는 기도를 하는 것이 아니라, 열방을 품는 기도자로 서야 합니다. 이 언약을 붙잡고 기도할 때 비로소 하늘 보좌의 축복을 누리며 전 세계에 빛을 비추는 자리로 나아가게 됩니다.

하나님께서는 선교적 역동을 일으키기 위해 우리를 부르셨습니다. 그러니 이를 깨닫고 우리가 열방을 품는 기도를 하면 하나님께서 놀라운 일을 일으키십니다. 전 세계를 품는 기도를 통해 선교 시대의 주격으로 서시기 바랍니다.

> 하나님이여 민족들이 주를 찬송하게 하시며 모든 민족들이 주를 찬송하게 하소서 온 백성은 기쁘고 즐겁게 노래할지니 주는 민족들을 공평히 심판하시며 땅 위의 나라들을 다스리실 것임이니이다 (셀라) _시편 67:3~4

시편 67편의 기자는 모든 민족이 기쁘고 즐겁게 주를 찬송하게 해 달라고 기도합니다. 그런데 이 찬송은 아무나 할 수 있는 것이 아닙니다.

구원의 은총을 입어 마음이 변화된 자만이 하나님을 찬양할 수 있습니다. 찬송은 구원받은 하나님 자녀의 특권입니다.

여러분은 구원받은 하나님 자녀입니다. 그러므로 하나님을 찬양할 특권을 가지고 있습니다. 기쁘고 즐겁게 하나님을 찬양하시기 바랍니다.

하나님께서 여러분을 구원하여 주시고 이 놀라운 축복의 현장으로 부르셨습니다. 그리고 하나님께서는 여러분을 열방을 복음화하는 주 역으로 쓰시기를 원하십니다. 하나님을 알지 못하는 자들에게 하나님을 알게 하여 주는 것이 얼마나 큰 축복인지 우리 모두가 깨달아야 합니다.

 전 세계 현장에는 하나님께서 예비하여 놓으신 이들이 있습니다. 우리가 선교를 가슴에 품고 현장으로 나아가면 하나님께서 선두에 서서 이끌어 가십니다. 우리가 열방 복음화를 위해 기도만 하면 하나님께서 인도하여 주십니다. 하나님께서 예비하여 놓으신 이 선교의 축복을 우리가 놓쳐서는 안 됩니다. 하나님께서 전적으로 인도하시는 선교 여정에 온전히 동참하여 따라가시기를 바랍니다. 하나님께서는 우리가 기도하며 구한 것보다 더 큰 것으로 응답하여 주십니다. 최고의 것, 최선의 것으로 반드시 응답하시는 하나님을 깊이 체험하시기 바랍니다.

#영성과 전문성 시편 78편

내 백성이여, 내 율법을 들으며
내 입의 말에 귀를 기울일지어다
내가 입을 열어 비유로 말하며
예로부터 감추어졌던 것을 드러내려 하니
이는 우리가 들어서 아는 바요
우리의 조상들이 우리에게 전한 바라
우리가 이를 그들의 자손에게 숨기지 아니하고
여호와의 영예와 그의 능력과 그가 행하신
기이한 사적을 후대에 전하리로다

_시편 78:1~4

시편 78편은 아삽이 지은 교훈적 내용의 시입니다. 아삽은 레위 지파 출신으로 그와 그 후손들은 대대로 성전에서 찬양 사역을 했습니다. 그는 이 시편 78편에서 출애굽부터 가나안 입성에 이르기까지의 과거 역사를 회고하면서 하나님 언약에 충실했던 것에 대한 교훈을 이야기하고 있습니다.

> 내 백성이여, 내 율법을 들으며 내 입의 말에 귀를
> 기울일지어다 _시편 78:1

아삽의 첫 외침은 율법, 곧 하나님 말씀에 먼저 귀를 기울이라는 것이었습니다. '귀를 기울이다'라는 것은 '이해'와 '순종'을 말합니다. 그냥 귀로 듣는 것이 아니라, 하나님께서 주신 언약의 말씀을 이해하고 순종하는 것이 신앙생활의 출발이자 전부입니다.

이렇게 말씀을 이해하고 순종하는 충실한 신앙생활을 해야 언약이 후대에게 올바로 전달될 수 있습니다.

> 내가 입을 열어 비유로 말하며 예로부터 감추어졌던 것을
> 드러내려 하니 이는 우리가 들어서 아는 바요 우리의 조상들이
> 우리에게 전한 바라 우리가 이를 그들의 자손에게 숨기지 아니

> 하고 여호와의 영예와 그의 능력과 그가 행하신 기이한 사적을
> 후대에 전하리로다 _ 시편 78:2~4

'여호와의 영예'란 여호와 하나님에 대한 찬미와 찬양을 말합니다. 아삽은 하나님께서는 찬양받으시기에 합당하신 분이라고 고백하고 있습니다. 그리고 그렇기 때문에 하나님께서 행하신 모든 놀라운 역사를 우리가 후대에게 전해야 한다고 말하고 있는 것입니다.

아삽은 여기에 이어서 64절까지는 이스라엘 백성들이 하나님 언약에 충실하지 못했던 것에 대해 고백했습니다. 그리고 65절부터는 그것을 교훈으로 삼아 후대들이 그런 길을 가지 않도록 해야 한다고 말합니다. 그러면서 다윗을 후대들이 따라야 할 영적 모델로 제시하고 있습니다.

> 또 그의 종 다윗을 택하시되 양의 우리에서 취하시며 젖 양을
> 지키는 중에서 그들을 이끌어 내사 그의 백성인 야곱, 그의
> 소유인 이스라엘을 기르게 하셨더니 이에 그가 그들을 자기
> 마음의 완전함으로 기르고 그의 손의 능숙함으로 그들을
> 지도하였도다 _ 시편 78:70~72

다윗은 하나님 마음을 따라 행하는 사람이었습니다. 언약 중심의 삶을 살았던 것입니다. 하나님 마음의 중심은 이스라엘 백성들을 올바르게 양육하는 것이었습니다. 그래서 하나님께서는 양을 치던 목동 다윗을 이스라엘 백성들을 이끄는 목자로 세우셨습니다. 이에 다윗

은 마음의 완전함으로 기르고 손의 능숙함으로 지도하면서 하나님께서 맡기신 일을 온전하게 실행했습니다.

목동이던 다윗이 어떻게 이스라엘 백성을 이끄는 목자가 될 수 있었을까요? 마음의 완전함이란 영성을 말합니다. 다윗은 하나님 말씀을 온전히 따르는 성실한 마음의 자세를 가지고 있었습니다. 여기에 손의 능숙함, 즉 전문성이 더해졌던 것입니다.

후대를 양육할 때 이런 영성과 전문성이 조화를 이루도록 해야 합니다. 예배를 통해 강단 메시지 속에서 영적 힘을 기를 수 있도록 인도해야 합니다. 그와 더불어 학업, 예술, 문화와 같이 세상 속에서 활용할 수 있는 재능도 키워줘야 할 것입니다. 언제나 언약 중심의 삶 속에서 후대들이 영성과 전문성의 조화를 이루어 가도록 양육하시기를 바랍니다.

보호 시편 84편

만군의 여호와여 주의 장막이 어찌 그리 사랑스러운지요
내 영혼이 여호와의 궁정을 사모하여 쇠약함이여
내 마음과 육체가 살아 계시는 하나님께 부르짖나이다
나의 왕, 나의 하나님, 만군의 여호와여 주의 제단에서
참새도 제 집을 얻고 제비도 새끼 둘 보금자리를 얻었나이다
주의 집에 사는 자들은 복이 있나니
그들이 항상 주를 찬송하리이다 (셀라)
주께 힘을 얻고 그 마음에 시온의 대로가 있는 자는 복이 있나이다
그들이 눈물 골짜기로 지나갈 때에
그 곳에 많은 샘이 있을 것이며 이른 비가 복을 채워 주나이다
그들은 힘을 얻고 더 얻어 나아가
시온에서 하나님 앞에 각기 나타나리이다
만군의 하나님 여호와여 내 기도를 들으소서
야곱의 하나님이여 귀를 기울이소서 (셀라)
우리 방패이신 하나님이여 주께서
기름 부으신 자의 얼굴을 살펴 보옵소서
주의 궁정에서의 한 날이 다른 곳에서의 천 날보다 나은즉
악인의 장막에 사는 것보다
내 하나님의 성전 문지기로 있는 것이 좋사오니
여호와 하나님은 해요 방패이시라
여호와께서 은혜와 영화를 주시며 정직하게 행하는 자에게
좋은 것을 아끼지 아니하실 것임이니이다
만군의 여호와여 주께 의지하는 자는 복이 있나이다

_시편 84:1~12

PSALMS

시편 84편의 표제어는 고라 자손의 시라고 되어 있습니다. 절기를 맞아 예배를 드리기 위해 예루살렘을 찾은 한 예배자가 쓴 것을 고라 자손들이 보관했던 것으로 추정됩니다.

이 시에는 성전을 사모하는 간절한 마음이 나타나 있습니다. 신앙이란 이처럼 주의 집에 사는 축복을 체험하는 것이라 할 수 있습니다. 우리도 성전 중심의 삶, 교회 중심의 삶에 임하게 되는 영적 축복에 대해 올바로 깨달아야 할 것입니다.

> 만군의 여호와여 주의 장막이 어찌 그리 사랑스러운지요
> 내 영혼이 여호와의 궁정을 사모하여 쇠약함이여 내 마음과
> 육체가 살아 계시는 하나님께 부르짖나이다 _시편 84:1~2

하나님의 전을 사모하는 시편 기자의 마음이 아주 잘 그려져 있습니다. '사모하여 쇠약하다'라는 표현은 얼굴이 창백해질 정도로 간절히 그리워한다는 것을 나타냅니다.

> 나의 왕, 나의 하나님, 만군의 여호와여 주의 제단에서
> 참새도 제 집을 얻고 제비도 새끼 둘 보금자리를 얻었나이다
> _시편 84:3

시편 기자는 성전에 집을 짓고 사는 참새, 제비를 부러워할 정도로 주의 전을 사모했습니다. 교회는 성도를 위해 예비된 보금자리 곧 안식처입니다. 하나님 전을 보금자리로 삼는 사람은 평안을 얻게 되는 것입니다.

> 주의 집에 사는 자들은 복이 있나니 그들이 항상 주를
> 찬송하리이다 (셀라) _시편 84:4

주의 집에 사는 자들에게는 복이 있습니다. 주의 집에 사는 자들이란 누구를 말하는 것일까요? 성전을 중심으로 생활하는 사람, 즉 교회 중심, 예배 중심의 삶을 사는 이들을 말합니다.

> 주께 힘을 얻고 그 마음에 시온의 대로가 있는 자는 복이
> 있나이다 그들이 눈물 골짜기로 지나갈 때에 그 곳에 많은 샘이
> 있을 것이며 이른 비가 복을 채워 주나이다 그들은 힘을 얻고
> 더 얻어 나아가 시온에서 하나님 앞에 각기 나타나리이다
> _시편 84:5~7

시편 기자는 교회와 예배를 삶의 우선순위에 둔 사람이 받는 축복에 다해 구체적으로 이야기 하고 있습니다. '시온'은 성전이 있는 곳을 으미하는 것으로, '시온의 대로가 있는 자'는 '주의 전을 사모하는 자'으 또 다른 표현입니다. 대로들 달려가듯, 마치 고속도로를 질주하듯 0 성전을 향해 가는 사람에게는 하나님의 응답이 임합니다. 시편 기자는 '복을 채워 주시고', '힘을 얻고 더 얻는다'고 말하고 있습니다.

주의 전에 나와서 온전한 예배자로 서면 하나님께서 세상을 이길 힘을 주십니다. 때로는 눈물 골짜기를 지나가게 되기도 하지만 그 고난을 통해 하나님의 특별한 은혜를 체험하게 됩니다. 눈물 골짜기가 변하여 은혜의 샘이 되는 것입니다.

> 여호와 하나님은 해요 방패이시라 여호와께서 은혜와 영화를 주시며 정직하게 행하는 자에게 좋은 것을 아끼지 아니하실 것임이니이다 _시편 84:11

하나님께서는 우리의 방패가 되어 주십니다. 모든 고난과 시련으로부터 우리를 완벽하게 지키시는 보호자입니다.

> 만군의 여호와여 주께 의지하는 자는 복이 있나이다 _시편 84:12

시편 84편은 '만군의 여호와'라는 표현이 첫 절과 마지막 절에서 반복됩니다. 만군의 여호와는 언약의 하나님입니다. 하늘과 땅의 모든 곳을 다스리시는 절대적 권세를 가지고 있습니다. 이 하나님께서 우리를 영원토록 지키고 보호하여 주십니다. 주의 전을 사모하는 마음으로 교회와 예배 중심의 삶을 살아감으로써 하나님께서 주시는 모든 축복을 누리게 되시기를 바랍니다.

#지혜 시편 90편

우리의 연수가 칠십이요 강건하면 팔십이라도
그 연수의 자랑은 수고와 슬픔뿐이요 신속히 가니
우리가 날아가나이다
누가 주의 노여움의 능력을 알며
누가 주의 진노의 두려움을 알리이까
우리에게 우리 날 계수함을 가르치사
ㅈ 혜로운 마음을 얻게 하소서
ㅇㅎ호와여 돌아오소서 언제까지니이까
주의 종들을 불쌍히 여기소서
ㅇ-침에 주의 인자하심이 우리를 만족하게 하사
두리를 일생 동안 즐겁고 기쁘게 하소서
우리를 괴롭게 하신 날수대로와
우리가 화를 당한 연수대로 우리를 기쁘게 하소서
주께서 행하신 일을 주의 종들에게 나타내시며
주의 영광을 그들의 자손에게 나타내소서
주 우리 하나님의 은총을 우리에게 내리게 하사
우리의 손이 행한 일을 우리에게 견고하게 하소서
으리의 손이 행한 일을 견고하게 하소서 _시편 90:10~17

PSALMS

시편 90편은 모세의 기도입니다. 모세는 이 기도의 시를 통해 하나님께서 살아서 역사하고 계심을 찬양하고 있습니다.

주여 주는 대대에 우리의 거처가 되셨나이다 산이 생기기 전, 땅과 세계도 주께서 조성하시기 전 곧 영원부터 영원까지 주는 하나님이시니이다 _시편 90:1~2

모세는 하나님께서 영원한 거처, 즉 보호자가 되심을 고백합니다. 그런데 모세가 이렇게 하나님의 영원하심을 먼저 표현한 데에는 까닭이 있습니다. 인간은 한계가 있는 존재이기 때문입니다. 그러니 영원하신 하나님을 바라보고 의지하라는 것입니다.

주께서 사람을 티끌로 돌아가게 하시고 말씀하시기를 너희 인생들은 돌아가라 하셨사오니 주의 목전에는 천 년이 지나간 어제 같으며 밤의 한 순간 같을 뿐임이니이다 주께서 그들을 홍수처럼 쓸어가시나이다 그들은 잠깐 자는 것 같으며 아침에 돋는 풀 같으니이다 풀은 아침에 꽃이 피어 자라다가 저녁에는 시들어 마르나이다 _시편 90:3~6

모세는 인간의 한계에 대해 다양하게 표현하고 있습니다. 티끌, 밤의 한 순간, 홍수처럼 휩쓸려 가는 인생, 잠깐 자는 것, 아침에 피어서 저녁에 시드는 풀 등으로 인생을 비유합니다. 그렇다면 사람은 왜 이런 허무한 삶을 살아가게 되는 것일까요?

> 으리는 주의 노에 소멸되며 주의 분내심에 놀라나이다 주께서 으리의 죄악을 주의 앞에 놓으시며 우리의 은밀한 죄를 주의 덜굴 빛 가운데에 두셨사오니 우리의 모든 날이 주의 분노 중에 지나가며 우리의 평생이 순식간에 다하였나이다 우리의 연수가 칠십이요 강건하면 팔십이라도 그 연수의 자랑은 수고와 슬픔뿐이요 신속히 가니 우리가 날아가나이다 누가 주의 노여움의 능력을 알며 누가 주의 진노의 두려움을 알리이까 _시편 90:7~11

인간은 죄 문제로 인해 허무한 삶을 살아갈 수밖에 없는 존재입니다. 하나님을 만나지 못한 인생에는 수고와 슬픔 뿐입니다. 그런데 모세가 이렇게 인생의 허무함을 언급한 것은 모든 인간은 하나님 안에 있을 때 그 존재의 의미가 회복된다는 것을 나타내기 위함입니다.

> 우리에게 우리 날 계수함을 가르치사 지혜로운 마음을 얻게 하소서 _시편 90:12

므세는 인생의 허무함을 바라보며 그것에 체념할 것이 아니라 오히ᄅ 믿음의 도전을 해야 한다는 사실을 강조합니다. 그리고 그 출발이 ㅂ·로 기도에 있음을 나타내고 있습니다.

모세는 '계수함을 가르쳐 지혜를 얻게 해 달라'고 간구합니다. 이는 자신에게 주어진 시간을 잘 활용하도록 하게 해달라는 의미입니다. 어떤 인간도 이 땅에서 영원히 살 수는 없습니다. 그러니 자신을 계수할 지혜가 반드시 필요합니다.

이를 위해서는 인생의 우선순위를 분명히 정하는 것이 중요합니다. 이 우선순위의 핵심은 주의 뜻이 무엇인가를 헤아리는 것입니다. 그렇기 때문에 우리는 예배를 통해 강단 메시지를 따라가야 합니다. 강단에서 선포되는 말씀을 통해 우리가 가지고 있어야 할 가치를 깨닫게 되시기를 바랍니다.

> 주께서 행하신 일을 주의 종들에게 나타내시며 주의 영광을 그들의 자손에게 나타내소서 주 우리 하나님의 은총을 우리에게 내리게 하사 우리의 손이 행한 일을 우리에게 견고하게 하소서 우리의 손이 행한 일을 견고하게 하소서 _시편 90:16~17

이는 후대를 위한 모세의 기도입니다. 그는 후대들이 허무한 인생이 아니라 주의 영광이 나타나는 삶을 살게 되기를 간구하고 있습니다. 여러분도 진정으로 가치 있는 것이 무엇인지를 깨닫고 그것에 집중하는 삶을 살아감으로써 영원하신 하나님의 은총을 대대로 입게 되기를 바랍니다.

#감사 시편 103편

내 영혼아 여호와를 송축하라
내 속에 있는 것들아
다 그의 거룩한 이름을 송축하라
내 영혼아 여호와를 송축하며
그의 모든 은택을 잊지 말지어다
그가 네 모든 죄악을 사하시며
네 모든 병을 고치시며
네 생명을 파멸에서 속량하시고
인자와 긍휼로 관을 씌우시며
좋은 것으로 네 소원을 만족하게 하사
네 청춘을 독수리 같이 새롭게 하시는도다

_ 시편 103:1~5

시편 103편은 다윗이 지은 감사의 찬양시입니다. 인생 말년에 이르러 자신의 삶을 되돌아보니 하나님 앞에 감사할 것밖에 없다는 고백입니다.

사실 다윗의 삶을 보면 이런 감사는커녕 불평과 원망이 가득할 수밖에 없었습니다. 어린 시절에는 집안의 천덕꾸러기였고, 골리앗을 물리쳤을 때에는 사울왕의 시기를 받았으며, 왕이 된 이후에는 아들 압살롬이 반역을 일으키기도 했습니다.

그야말로 처참한 인생길 속에서도 다윗은 감사를 놓치지 않았습니다. 하나님께서 자신을 지키고 보호하여 주실 것을 완벽하게 믿고 있었기 때문입니다.

> 내 영혼아 여호와를 송축하라 내 속에 있는 것들아 다 그의
> 거룩한 이름을 송축하라 내 영혼아 여호와를 송축하며 그의
> 모든 은택을 잊지 말지어다 _시편 103:1~2

다윗은 계속해서 자기 자신에게 "여호와를 송축하라"고 이야기합니다. 그가 반복하고 있는 이 '송축'은 히브리어로 '바라크'라고 하는데 이는 '무릎을 꿇고 찬양하다'라는 의미입니다. 다윗은 살아서 역사하

고 계신 하나님을 인정하고, 자신에게 베푸신 축복을 인정했기 때문에 그 은혜에 감사하고 송축했던 것입니다.

다윗은 하나님의 은택을 잊지 말아야 한다고 말하고 있습니다. 설령 지금 처한 상황이 형편없고 어려울지라도 하나님의 절대주권을 믿고 하나님을 찬양하는 자리로 나아가야 하는 것입니다.

> 그가 네 모든 죄악을 사하시며 네 모든 병을 고치시며
> 네 생명을 파멸에서 속량하시고 인자와 긍휼로 관을 씌우시며
> _시편 103:3~4

하나님 자녀인 우리가 받은 은혜 중 가장 큰 것이 무엇입니까? 바로 죄 사함의 은혜입니다. 죄인 된 우리는 멸망 길로 갈 수밖에 없는 운명이었습니다. 하지만 하나님께서 회복의 길을 열어 주셨습니다. 범죄한 인간을 위해 하나님께서 육신의 옷을 입고 예수 그리스도로 오셔서 모든 죄 문제를 해결하여 주신 것입니다.

이를 통해 우리는 완전히 보장된 인생을 갖게 되었습니다. 하나님 자녀로서 구원과 영생을 누리는 존재가 된 것이 바로 감사의 출발점입니다. 그러니 우리는 어떤 상황과 환경 속에서도 감사를 놓쳐서는 안 됩니다.

> 좋은 것으로 네 소원을 만족하게 하사 네 청춘을 독수리 같이
> 새롭게 하시는도다 _시편 103:5

'좋은 것으로 소원을 만족하게 했다'는 것은 내가 원하는 바를 들어 주셨다는 것보다는 하나님께서 내게 가장 합당한 길로 인도하여 주 신다는 것을 의미합니다. 하나님께서는 내가 구하는 것 이상으로 넘 치도록 채워주십니다. 그러니 내 생각대로가 아니라 하나님 뜻에 따 라 인도받고 나아가는 것이 중요합니다.

다윗은 하나님께서 자신을 '독수리 같이 새롭게 하신다'고 말합니 다. 위기 속에서 자신에게 새 힘을 주시고 이끌어 주신다는 고백입니 다. 어떤 어려운 상황이더라도 하나님께서 힘을 주시고 인도하여 주 실 것이라고 완벽하게 믿고 그것에 감사했던 것입니다.

하나님께서는 감사하는 사람에게 더 많은 감사의 이유를 주십니다. 하나님의 절대주권을 완벽하게 믿고 하나님께 감사하고 찬양하는 자 리로 나아가시기 바랍니다.

#행복 시편 116편

여호와께서 내 음성과 내 간구를 들으시므로
내가 그를 사랑하는도다 그의 귀를 내게 기울이셨으므로
내가 평생에 기도하리로다
사망의 줄이 나를 두르고 스올의 고통이 내게 이르므로
내가 환난과 슬픔을 만났을 때에
내가 여호와의 이름으로 기도하기를
여호와여 주께 구하오니 내 영혼을 건지소서 하였도다
여호와는 은혜로우시며 의로우시며
우리 하나님은 긍휼이 많으시도다
여호와께서는 순진한 자를 지키시나니
내가 어려울 때에 나를 구원하셨도다
내 영혼아 네 평안함으로 돌아갈지어다
여호와께서 너를 후대하심이로다
주께서 내 영혼을 사망에서,
내 눈을 눈물에서, 내 발을 넘어짐에서 건지셨나이다
내가 생명이 있는 땅에서 여호와 앞에 행하리로다
내가 크게 고통을 당하였다고 말할 때에도 나는 믿었도다
내가 놀라서 이르기를 모든 사람이 거짓말쟁이라 하였도다
내게 주신 모든 은혜를 내가 여호와께 무엇으로 보답할까

_시편 116:1~12

PSALMS

시편 116편은 찬양의 노래입니다. 유월절 축제 때 불렸던 노래인 이 시는 출애굽 당시 이스라엘이 경험했던 하나님의 구원 역사를 찬양하고 있습니다.

시편 116편의 기자는 위기 가운데서 하나님께 기도하며 응답 받았던 내용을 고백합니다. 죽음이 닥치는 위기에서 기도했더니 은혜와 긍휼의 하나님께서 자신을 구원하여 주셨다는 것입니다.

> 여호와께서 내 음성과 내 간구를 들으시므로 내가 그를
> 사랑하는도다 그의 귀를 내게 기울이셨으므로 내가 평생에
> 기도하리로다 _시편 116:1~2

이 시편의 기자는 하나님께서 자신의 간구를 들으실 것이라는 결론을 이미 내린 상태입니다. 하나님께서 자신의 기도에 귀를 기울이시니 평생 기도의 삶을 살겠다는 것입니다. 하나님의 절대주권을 믿고 하나님 뜻에 방향을 맞추는 기도는 반드시 응답됩니다.

> 사망의 줄이 나를 두르고 스올의 고통이 내게 이르므로 내가
> 환난과 슬픔을 만났을 때에 내가 여호와의 이름으로 기도하기
> 를 여호와여 주께 구하오니 내 영혼을 건지소서 하였도다

> 여호와는 은혜로우시며 의로우시며 우리 하나님은 긍휼이
> 많으시도다 여호와께서는 순진한 자를 지키시나니 내가
> 어려울 때에 나를 구원하셨도다_시편 116:3~6

'스올'은 지옥을 말합니다. 시편 기자는 이 지옥의 고통을 겪는 것과 같은 환난과 슬픔을 만났을 때 여호와 하나님께 기도했다고 고백합니다. 그러자 은혜와 긍휼의 하나님께서 그 기도에 응답하여 자신을 구원하여 주셨다는 것입니다.

어려움과 고난은 기도하라는 신호입니다. 하나님의 뜻과 계획에 방향을 맞추고 기도하면 하나님께서 최선의 것으로 응답하여 주십니다. 그러니 하나님의 절대주권을 믿고 그 믿음을 바탕으로 기도하면 됩니다.

구하고, 찾고, 두드리면 응답의 문이 열립니다. 이런 기도 응답의 축복을 우리가 일평생 맛보고 체험해야 할 것입니다.

> 내게 주신 모든 은혜를 내가 여호와께 무엇으로 보답할까
> 내가 구원의 잔을 들고 여호와의 이름을 부르며 여호와의
> 모든 백성 앞에서 나는 나의 서원을 여호와께 갚으리로다
> _시편 116:12~14

시편 116편의 기자는 자신에게 임한 놀라운 하나님의 은혜를 어떻게 보답할 것인지 스스로에게 질문하고 있습니다. 우리의 마음도 이

와 같아야 합니다.

우리를 구원하시고 영원한 생명을 주신 것, 복음을 깨닫고 신앙생활 하게 된 것을 생각하면 얼마나 감사한 일입니까! 그러니 그 은혜에 보답하는 삶을 살아가야만 합니다.

이 시편 기자는 하나님께서 자신에게 베푸신 구원의 은혜를 전하는 삶을 살아가겠다고 고백합니다. 그러면서 가장 핵심적인 것을 언급합니다.

> 내가 주께 감사제를 드리고 여호와의 이름을 부르리이다
> _시편 116:17

시편 116편 기자는 하나님께 감사의 예배를 드리겠다고 고백합니다. 기도하는 사람에게 회복되는 것이 바로 감사입니다. 하나님에 대한 절대적인 신뢰가 구축되어 있기 때문에 자연스럽게 감사가 나올 수밖에 없습니다.

기도하는 사람은 환란과 역경이 닥치더라도 하나님께서 내가 그것을 어떻게 이기게 하실지 기대를 하게 됩니다. 지금 문제와 사건 속에 있습니까? 기도 속으로 들어가시기 바랍니다. 그리고 그것을 통해 이루어질 하나님의 역사를 체험하시기 바랍니다.

#말씀 시편 119편

너가 주의 법을 어찌 그리 사랑하는지요
너가 그것을 종일 작은 소리로 읊조리나이다
주의 계명들이 항상 나와 함께 하므로
그것들이 나를 원수보다 지혜롭게 하나이다
너가 주의 증거들을 늘 읊조리므로
나의 명철함이 나의 모든 스승보다 나으며
주의 법도들을 지키므로
나의 명철함이 노인보다 나으니이다
너가 주의 말씀을 지키려고 발을 금하여
모든 악한 길로 가지 아니하였사오며
주께서 나를 가르치셨으므로
너가 주의 규례들에서 떠나지 아니하였나이다
주의 말씀의 맛이 내게 어찌 그리 단지요
너 입에 꿀보다 더 다니이다
주의 법도들로 말미암아 내가 명철하게 되었으므로
모든 거짓 행위를 미워하나이다
주의 말씀은 내 발에 등이요 내 길에 빛이니이다

_시편 119:97~105

PSALMS

시편 119편은 말씀의 장으로 불립니다. 176절까지 있는 아주 긴 장인데, 각 절에서 말씀의 중요성을 강조하고 있습니다.

이 시편 119편의 말씀을 한 줄 한 줄 살펴보면, 말씀의 유익과 그 가치가 기가 막힌 표현으로 설명되어 있어서 감탄을 금할 수 없을 지경입니다.

> 내가 주의 법을 어찌 그리 사랑하는지요 내가 그것을 종일
> 작은 소리로 읊조리나이다 _시편 119:97

이 부분이 바로 시편 119편의 주제라고 할 수 있습니다. 여기에 나오는 '법'이란 단순한 율법이나 법률이 아니라 '가르침', '교훈'을 의미합니다. 다시 말해 하나님 말씀 속에 우리가 하나님 자녀로서 살아가야 할 모든 내용이 들어있다는 것입니다.

이런 하나님 말씀을 사랑하는 자는 그 말씀을 읊조리는 삶을 살아갑니다. '읊조리다'라는 것은 묵상을 의미합니다. 이 말씀 묵상이 바로 승리하는 삶을 살아가기 위한 방법입니다.

> 주의 계명들이 항상 나와 함께 하므로 그것들이 나를

원수보다 지혜롭게 하나이다 내가 주의 증거들을 늘
읊조리므로 나의 명철함이 나의 모든 스승보다 나으며
주의 법도들을 지키므로 나의 명철함이 노인보다 나으니이다
_시편 119:98~100

하나님 말씀은 '나를 원수보다 지혜롭게', '나의 명철함이 나의 모든 스승과 노인보다 낫게' 만들어 줍니다. 하나님께서 지혜를 주시면 실패란 있을 수 없습니다.

하나님 말씀 속에 모든 지혜가 있는데도 그 말씀을 따라 살지 않기 때문에 분별력 없는 삶, 실패하는 삶을 살게 되는 것입니다. 하나님 자녀라면 하나님께 지혜를 구해야 합니다. 하나님 말씀을 묵상하면서, 말씀 따라가는 삶을 살면 지혜를 얻게 되어 있습니다.

주의 말씀의 맛이 내게 어찌 그리 단지요 내 입에 꿀보다
더 다니이다 _시편 119:103

시편 119편의 기자는 말씀이 꿀보다 달다고 고백하고 있습니다. 이 시편 기자에게 하나님 말씀은 고난 중의 위로가 되었고, 모든 상황을 이겨낼 참 소망과 즐거움이 되었습니다.

우리도 말씀을 받을 때 이래야 합니다. 꿀보다 단 이 말씀이 우리의 즐거움이 되어야 하는 것입니다.

그렇다면 우리가 즐거움으로 하나님 말씀을 받고 나서는 어떻게 해야 할까요?

> **주의 계명들을 지키기에 신속히 하고 지체하지**
> **아니하였나이다 _시편 119:60**

그 말씀을 지키는 데 주저함이 없어야 합니다. 지체하지 말고 신속히 지켜서 현장에 영적 영향력을 입혀 나가야 하는 것입니다.

> **주의 말씀은 내 발에 등이요 내 길에 빛이니이다**
> **_시편 119:105**

시편 119편 기자는 하나님 말씀이 등과 빛이라고 고백하고 있습니다. 어두운 세상길을 갈 때 그 길을 밝히 비춰주는 빛과 같은 것이 바로 하나님 말씀입니다. 그러니 우리는 이 하나님 말씀을 더욱 사모할 수밖에 없습니다. 하나님 말씀이 비추는 길을 따라갈 때 우리가 승리하는 삶을 살게 된다는 사실을 분명히 깨닫게 되시기를 바랍니다.

하루 한 편 시편 읽기

지키시는 하나님

넷째 주

#도움 시편 121편

내가 산을 향하여 눈을 들리라 나의 도움이 어디서 올까
나의 도움은 천지를 지으신 여호와에게서로다
여호와께서 너를 실족하지 아니하게 하시며
너를 지키시는 이가 졸지 아니하시리로다
이스라엘을 지키시는 이는 졸지도 아니하시고
주무시지도 아니하시리로다
여호와는 너를 지키시는 이시라
여호와께서 네 오른쪽에서 네 그늘이 되시나니
낮의 해가 너를 상하게 하지 아니하며
밤의 달도 너를 해치지 아니하리로다
여호와께서 너를 지켜 모든 환난을 면하게 하시며
또 네 영혼을 지키시리로다
여호와께서 너의 출입을
지금부터 영원까지 지키시리로다

_시편 121:1~8

시편 121편은 순례자의 노래 중 하나입니다. 이스라엘의 성인 남성들은 유월절, 오순절, 초막절 등 3대 명절이 되면 예루살렘 성전으로 모여 들었습니다. 이들 두고 '성전에 올라간다'라고 표현했는데 이 예루살렘 성전이 높은 고지에 있기 때문입니다.

그런데 이 높은 산을 오르다보면 강도를 만나는 등의 위험한 일을 겪게 되는 일이 많았습니다. 당시 예루살렘을 찾는 순례자들은 많은 고난을 겪으면서 성전에 올랐던 것입니다.

이 시편 121편은 바로 이러한 고난의 순례길에서 도움을 받고 보호받을 대상이 바로 여호와 하나님이심을 고백하는 찬양입니다. 여덟 절로 된 이 시편 121편에서 '지키다'라는 단어는 무려 여섯 번이나 나옵니다. 그만큼 지키시는 하나님을 강조하고 있습니다.

우리가 신앙생활을 하면서 바로 이 '지키시는 하나님'을 바라보아야 합니다. 위기와 난관 속에서 지키시는 하나님을 온전히 바라보면 도우시고 보호하시는 하나님의 은혜를 실제로 체험하게 됩니다.

내가 산을 향하여 눈을 들리라 나의 도움이 어디서 올까
나의 도움은 천지를 지으신 여호와에게서로다 _시편 121:1~2

시편 121편 기자는 여호와 하나님만이 나의 도움이 되신다고 말하고 있습니다. 당시 예루살렘 성전으로 가는 데에는 많은 산을 넘어야 했습니다. 그런데 산마다 우상숭배하는 제단들이 있었습니다. 그 모습을 보며 이 시편의 기자는 자신은 오직 하나님만을 바라보며 나아간다고 고백하고 있는 것입니다.

세상에 수많은 종교가 있지만 우리는 오직 하나님만을 바라보아야 합니다. 이것 바라보고 저것 바라보면서 살면 언젠가 무너지고 맙니다. 세상의 모든 것은 다 변하기 때문입니다. 우리는 영원불변하신 하나님만을 바라보며 살아가야 할 것입니다.

> 여호와께서 너를 실족하지 아니하게 하시며 너를 지키시는 이가 졸지 아니하시리로다 이스라엘을 지키시는 이는 졸지도 아니하시고 주무시지도 아니하시리로다 _시편 121:3~4

이 시편의 기자가 하나님께서 졸지도, 주무시지도 않는다고 표현한 데에는 재미있는 이유가 있습니다. 당시의 이방 신들은 평소에 잠을 잔다고 여겨졌습니다. 그래서 그 신을 섬기는 이들은 잠자고 있는 신을 깨우기 위해 광란에 가까운 행동했습니다. 하지만 그런다고 해서 그들의 신이 깨어날리 만무했습니다. 아무리 자신들의 신을 향해 부르짖어도 응답이 없으니 그들은 그저 자신들의 신이 잠을 자고 있는 것이라 여길 수밖에 없었을 것입니다.

하지만 하나님께서는 결코 졸거나 주무시지 않습니다. 24시간 주야로 우리를 바라보고 계십니다. 불꽃같은 눈동자로 지키고 보호하시는 하나님을 믿으시기 바랍니다.

> 여호와는 너를 지키시는 이시라 여호와께서 네 오른쪽에서
> 네 그늘이 되시나니 낮의 해가 너를 상하게 하지 아니하며 밤의
> 달도 너를 해치지 아니하리로다 _시편 121:5~6

당시 유대 광야는 낮에는 뙤약볕으로 몸이 익을 정도이고, 밤에는 온도가 급강하여 추위에 떨게 됩니다. 시편 121편 기자는 하나님께서 이런 상황을 모두 아시고 지키고 보호하여 주실 것이라 말합니다. 이처럼 하나님께서는 우리가 처한 모든 상황, 모든 환경을 지켜보시며 보호하여 주십니다.

> 여호와께서 너를 지켜 모든 환난을 면하게 하시며 또 네 영혼
> 을 지키시리로다 여호와께서 너의 출입을 지금부터 영원까지
> 지키시리로다 _시편 121:7~8

이 시편의 기자는 여호와께서 너의 출입을 영원까지 지키신다고 고백합니다. '출입'이란 시작과 완성을 의미합니다. 하나님께서 우리 삶의 전부를 주관하고 계심을 강조하고 있는 것입니다. 하나님께서 우리와 영원토록 함께하신다는 사실을 믿고, 언제나 하나님만을 바라보는 삶을 살아가게 되시기를 바랍니다.

#언약 성취 시편 126편

여호와께서 시온의 포로를 돌려 보내실 때에
우리는 꿈꾸는 것 같았도다
그 때에 우리 입에는 웃음이 가득하고
우리 혀에는 찬양이 찼었도다
그 때에 뭇 나라 가운데에서 말하기를
여호와께서 그들을 위하여 큰 일을 행하셨다 하였도다
여호와께서 우리를 위하여 큰 일을 행하셨으니
우리는 기쁘도다
여호와여 우리의 포로를 남방 시내들 같이 돌려 보내소서
눈물을 흘리며 씨를 뿌리는 자는 기쁨으로 거두리로다
울며 씨를 뿌리러 나가는 자는
반드시 기쁨으로 그 곡식 단을 가지고 돌아오리로다

_시편 126:1~6

시편 126편은 '성전에 올라가며 부른 노래'입니다. 이 시편의 기자는 시편 126편을 통해 바벨론에서의 포로 생활에서 벗어난 감격과 기쁨을 노래하고 있습니다.

> 여호와께서 시온의 포로를 돌려 보내실 때에 우리는 꿈꾸는 것 같았도다 그 때에 우리 입에는 웃음이 가득하고 우리 혀에는 찬양이 찼었도다 그 때에 뭇 나라 가운데에서 말하기를 여호와께서 그들을 위하여 큰 일을 행하셨다 하였도다 여호와께서 우리를 위하여 큰 일을 행하셨으니 우리는 기쁘도다
> _시편 126:1~3

바벨론에 끌려가 70년 동안이나 포로 생활을 하다가 이제 해방되었으니 그 기쁨은 이루 말할 수 없었을 것입니다. 이 시편의 기자는 마치 '꿈을 꾸는 것 같았다'고 표현합니다.

그러고는 '혀에 찬양이 차고 웃음이 가득했다'며 놀라운 기쁨과 감사의 노래를 했습니다. 그리고 이 일을 행하신 분이 바로 여호와 하나님임을 고백합니다.

사실 이스라엘 백성들이 바벨론으로 끌려가 포로 생활을 하게 된

것, 그리고 70년 만에 해방된 것은 모두가 다 하나님의 계획 안에 있었습니다. 어느 날 우연히 이뤄진 게 아니라 선지자 예레미야의 입을 통해 이미 예언되었던 것이 그대로 성취된 것입니다. 그렇기에 이 시편 기자는 바벨론으로부터의 해방이 자신들의 노력이 아니라 전적으로 하나님 은혜에 의한 것임을 당당히 고백하며 기쁨과 감사의 찬양을 부를 수 있었습니다.

> 여호와여 우리의 포로를 남방 시내들 같이 돌려 보내소서
> _시편 126:4

이 시편 기자는 자신이 포로에서 해방된 감격을 고백하면서 동시에 아직도 포로로 남아 있는 다른 백성들도 해방되게 해달라고 기도하고 있습니다. 평상시에 메말라 있던 유다의 남방 지역은 우기가 되면 물이 흘러 생명의 땅이 됩니다. 이렇게 시내에 물이 철철 흐르듯이 남은 백성들이 돌아오게 되기를 기대하고 있는 것입니다.

우리의 신앙생활도 이와 같아야 합니다. 자신만 구원받는 것에서 끝나서는 안 됩니다. 우리를 통해 다른 영혼들을 구원하려는 하나님의 계획을 우리가 분명히 보아야 합니다.

> 눈물을 흘리며 씨를 뿌리는 자는 기쁨으로 거두리로다 울며
> 씨를 뿌리러 나가는 자는 반드시 기쁨으로 그 곡식 단을 가지고
> 들아오리로다 _시편 126:5~6

이것이 바로 현장을 향해 나아가는 이들이 붙잡아야 할 분명한 언약입니다. 눈물을 흘리며 씨를 뿌리는 자는 기쁨으로 거두게 됩니다. 하나님의 언약을 믿고 씨를 뿌리면 반드시 응답을 받게 되어 있습니다.

눈물을 흘리며 씨앗을 뿌린다는 것이 무엇일까요? 복음에 대한 열정을 말합니다. 생명 구원에 대한 뜨거운 열정을 가지면 현장을 바라보며 눈물을 흘릴 수밖에 없습니다.

한 영혼을 위해 눈물을 흘리며 씨앗을 뿌리면 결국 응답이 되어 돌아옵니다. 하나님께서 그 중심을 다 지켜보시고 기쁨으로 거두게 하여 주십니다.

신앙생활은 언약 성취의 기쁨을 체험하는 것이라 할 수 있습니다. 말씀이 그대로 성취되는 것을 바라보며 기쁨을 느끼는 것이 바로 신앙생활입니다. 이를 체험하기 위해서는 우리가 현장에서 씨앗을 뿌려야 합니다. 먼저 뿌려야 거둘 수 있게 됩니다. 한 영혼을 구하기 위해 씨앗을 뿌리고 그것을 거두는 기쁨과 감격을 체험하고 누리게 되시기를 바랍니다.

#언약 가정 시편 128편

여호와를 경외하며 그의 길을 걷는 자마다 복이 있도다

네가 네 손이 수고한 대로 먹을 것이라

네가 복되고 형통하리로다

네 집 안방에 있는 네 아내는 결실한 포도나무 같으며

네 식탁에 둘러 앉은 자식들은 어린 감람나무 같으리로다

여호와를 경외하는 자는 이같이 복을 얻으리로다

여호와께서 시온에서 네게 복을 주실지어다

너는 평생에 예루살렘의 번영을 보며

네 자식의 자식을 볼지어다

이스라엘에게 평강이 있을지로다

_시편 128:1~6

시편 128편은 가정과 관련된 시입니다. 이스라엘 백성들은 이 시편 128편을 애송하면서 가정의 소중함과 신성함을 일깨웠습니다.

> **여호와를 경외하며 그의 길을 걷는 자마다 복이 있도다**
> _시편 128:1

'그의 길을 걷다'라는 표현은 '하나님 말씀을 따라 행하다'라는 의미입니다. 자기 경험, 자기 판단이 아니라 하나님 말씀으로 충만하여 그 말씀대로 행해야 합니다. 하나님 뜻대로, 하나님 말씀대로 행하지 않으면 우리의 어떤 노력도 다 헛것이 됩니다.

> **네 집 안방에 있는 네 아내는 결실한 포도나무 같으며 네 식탁에 둘러 앉은 자식들은 어린 감람나무 같으리로다**
> _시편 128:3

아내를 '결실한 포도나무'라고 표현하면서 자식들은 '어린 감람나무'에 비유하고 있습니다. 이를 보면 이 시편 기자가 정말 복음적인 눈으로 가정을 바라보고 있음을 알 수 있습니다.

포도나무의 특징 중 하나는 자기 스스로는 제대로 서지를 못한다는 점입니다. 그래서 포도나무에는 반드시 버팀목이 필요합니다. 그러니 아내가 결실한 포도나무 같이 풍성한 삶을 살아가려면 남편의 도움이 꼭 있어야만 하는 것입니다.

그런데 이는 아내에게만 해당하는 것이 아닙니다. 남편이 풍성한 삶을 살아가기 위해서도 아내의 도움이 반드시 필요합니다. 부부가 서로의 버팀목이 될 때 함께 풍성한 삶을 살 수 있게 되는 것입니다.

이렇게 부부사이에서 복음의 향기가 나면 자녀들과의 관계도 회복됩니다. 복음의 눈으로 자식을 바라보게 되면 감람나무처럼 보입니다.

감람나무 즉 올리브나무는 이스라엘에서 아주 귀한 대접을 받았습니다. 올리브 열매는 식용으로 쓰이는 것은 물론 약재와 제사용으로도 많이 쓰였습니다. 그리고 이 올리브나무의 특징은 강인한 생명력을 갖고 있다는 점입니다.

자식을 어린 감람나무에 비유한 것은 큰 가능성을 가진 존재임을 나타내는 것입니다. 어린 감람나무가 꽃을 피우고 열매를 맺게 하듯이 자녀가 가진 가능성이 빛을 발하게 해주어야 할 사명이 부모에게 있습니다.

자녀가 가진 그 무궁한 가능성을 극대화 시키는 것이 바로 복음입니다. 부모가 자녀를 복음적으로 양육할 때 내재되어 있던 가능성이 활

짝 피어나 열매를 맺게 됩니다.

야단치고 잔소리하는 것이 아니라 자녀를 복음적으로 바라보며 칭찬하고 격려해 보시기 바랍니다. 그러면 자녀들의 잠재력이 확 터져 나오게 되어 있습니다.

무한한 가능성을 가진 존재, 쓰임받는 존재가 바로 여러분의 자녀입니다. 하나님 나라를 위해 필요한 존재이기 때문에 하나님께서 나에게 보내신 것이라는 복음적 눈을 가지고 자녀를 바라보시기 바랍니다.

부부, 부모와 자식은 결국 서로에게 필요한 존재이며, 하나님 나라를 위해 필요한 존재입니다. 서로를 위해 기도하며 복음공동체의 언약 가정을 이루게 되시기를 바랍니다.

#영원 시편 131편

여호와여 내 마음이 교만하지 아니하고
내 눈이 오만하지 아니하오며
내가 큰 일과 감당하지 못할 놀라운 일을 하려고
힘쓰지 아니하나이다
실로 내가 내 영혼으로 고요하고 평온하게 하기를
젖 뗀 아이가 그의 어머니 품에 있음 같게 하였나니
내 영혼이 젖 뗀 아이와 같도다
이스라엘아 지금부터 영원까지 여호와를 바랄지어다

_시편 131:1~3

시편 131편은 다윗이 지은 시로 성전에 올라가는 노래입니다. 성전을 향해 올라가며 불렀던 이 노래에는 어떤 영적 자세를 가지고 하나님 앞에 나아가야 하는지에 대한 내용이 나오고 있습니다.

구약시대의 이스라엘 백성들에게는 성전이 바로 하나님의 임재 상징이었습니다. 그렇기 때문에 언제나 이 성전 중심의 삶을 살았습니다.

성전 중심이란 예배 중심의 삶을 의미합니다. 그리고 이는 본질적으로 하나님 중심의 삶을 말하는 것입니다. 결국 성전 중심의 삶에서는 그저 때가 되어 교회에 나오는 행위가 아니라 성전을 마음의 중심에 담는 영적 의미가 중요합니다.

하나님께서는 성전의 뜰만 밟는 형식적 종교생활을 원하시지 않습니다. 우리는 신앙생활을 하면서 하나님께서 원하시는 것이 무엇인지 그 본질을 붙잡아야 합니다.

하나님께서 원하시는 것, 신앙의 본질이 바로 이 시편 131편에 나오고 있습니다. '겸손의 시편'이라고도 불리는 이 시편 131편은 예배를 드리는 자에게 겸손함을 가르치기 위해 불렀던 찬양입니다.

> 여호와여 내 마음이 교만하지 아니하고 내 눈이 오만하지 아니
> 하오며 내가 큰 일과 감당하지 못할 놀라운 일을 하려고 힘쓰지
> 아니하나이다 _시편 131:1

다윗은 '교만하지 않고, 오만하지 않고 감당 못할 일을 하려고 힘
쓰지 않겠다'고 고백합니다. 교만이 무엇입니까? 바로 자기중심적
인 삶입니다. 교만하여 자기중심적으로 생각하면 결국 오만한 삶을
살게 됩니다.

하나님 앞에 나아갈 때, 신앙생활을 하면서 중요한 것이 영적으로
겸손한 자세를 갖는 것입니다. 이것이 바로 영적 지각력을 갖춘 삶입
니다. 오직 하나님 뜻대로만 행하겠다고 고백하고 신앙생활을 해 나
갈 때 비로소 영원의 응답을 체험하게 됩니다.

> 실로 내가 내 영혼으로 고요하고 평온하게 하기를 젖 뗀
> 아이가 그의 어머니 품에 있음 같게 하였나니 내 영혼이 젖 뗀
> 아이와 같도다 이스라엘아 지금부터 영원까지 여호와를
> 바랄지어다 _시편 131:2~3

다윗은 오직 여호와 하나님을 바라보며 영원한 응답을 체험하는 영
적 비밀을 가지고 있었습니다. 이것이 바로 영적 집중력입니다.

이 시편에서 다윗은 자신을 '젖 뗀 아이'에 비유하고 있습니다. 젖을 뗀 아이는 더 이상 젖을 달라고 칭얼거리는 것이 아니라 어머니 그 자체를 원합니다. 젖 달라고 떼쓰는 것을 넘어서 어머니 품에 있는 것에서 행복을 느끼는 것입니다. 이는 다윗이 하나님을 바라보며 참 행복, 참 평화를 맛보고 있다는 고백입니다.

우리의 신앙생활이 이와 같아야 합니다. 하나님에만 초점을 맞춰야 합니다. 다윗은 '지금부터 영원까지 여호와를 바랄지어다'라고 말합니다. 우리는 이렇게 오직 하나님을 바라보는 삶을 살아야 합니다. 그래야만 영적 집중력을 가지고 성장하는 신앙생활을 해 나가게 되는 것입니다.

#연합 시편 133편

보라 형제가 연합하여 동거함이
어찌 그리 선하고 아름다운고
머리에 있는 보배로운 기름이
수염 곧 아론의 수염에 흘러서
그의 옷깃까지 내림 같고
헐몬의 이슬이 시온의 산들에 내림 같도다
거기서 여호와께서 복을 명령하셨나니
곧 영생이로다

_시편 133:1~3

시편 133편은 다윗이 지은 시로 표제어는 '성전에 올라가는 노래'입니다. 이 시편을 통해 다윗은 하나님 자녀 된 성도들의 연합이 얼마나 아름다운지에 대해 이야기하고 있습니다.

보라 형제가 연합하여 동거함이 어찌 그리 선하고 아름다운고 _ 시편 133:1

여기에서 말하는 '형제'는 단순한 혈연관계를 뜻하는 것이 아닙니다. 그리고 남성만을 구분해서 이야기하는 것도 아닙니다. 여기에서의 형제란 교회공동체 구성원을 뜻하는 것입니다. 다윗은 이 시편에서 교회공동체의 구성원이 서로 연합하여 하나 된 모습이 너무나 아름답다고 고백하고 있습니다.

당시의 이스라엘 백성들은 열두 지파로 구성되어 있었습니다. 그런데 이 열두 개의 지파가 함께 연합하는 것이 결코 쉽지 않았습니다. 각자의 출신성분이 워낙 다양했던 탓에 하나로 모이기 힘든 상태였습니다. 그런데 이렇게 성전에 나와 연합하여 하나님께 예배를 드리니 그 모습을 본 다윗이 기뻐하고 감탄할 수밖에 없었습니다.

교회의 모습이 이러해야 합니다. 하나님 자녀 된 성도들이 하나가 되어 함께 예배를 드릴 때 진정한 연합의 축복을 누릴 수 있게 됩니다. 강단 말씀을 통해 모든 성도가 하나 되는 것에서부터 현장 사역이 시작되는 것입니다.

> 머리에 있는 보배로운 기름이 수염 곧 아론의 수염에 흘러서
> 그의 옷깃까지 내림 같고 헐몬의 이슬이 시온의 산들에
> 내림 같도다 거기서 여호와께서 복을 명령하셨나니
> 곧 영생이로다 _시편 133:2~3

다윗은 이 시편 133편에서 형제의 연합하는 모습에 대해 두 가지 비유를 들어 설명하고 있습니다.

첫째로는, '기름 부음을 받는 것과 같다'고 하였습니다. 이스라엘에서는 제사장을 세울 때 머리에 보배로운 기름을 부었습니다. 그 귀한 기름이 머리에서부터 옷깃을 타고 흘러내리게 되는데 그때 매우 아름다운 향기가 퍼져나갑니다. 이는 죄악과 구별되었다는 것에 대한 상징이었습니다.

그러니 다윗이 연합하여 예배드리는 성도들의 모습을 보며 기름 부음을 받은 것 같다고 하는 것은 모두가 하나님 자녀로서 구별된 존재가 되었고 그 아름다운 모습이 향기를 발하고 있음을 나타냅니다.

둘째로는, '헐몬의 이슬이 시온의 산들에 내림 같다'고 표현했습니다. 헐몬은 이스라엘 북쪽의 아주 높은 산입니다.

이 산의 꼭대기에는 눈이 덮여있는데 그 눈이 녹아 골짜기를 타고 내려오면 요단강으로 흐릅니다. 이 산에서 내려오는 물을 따라 농작물이 풍요롭게 자랐기 때문에 헐몬의 이슬은 곧 풍요를 나타냅니다. 다윗은 연합하여 하나 된 삶 속에 풍요가 있음을 말하고 있습니다.

오늘날 교회의 모습도 이와 같아야 할 것입니다. 예배를 통해 하나 되고 성도가 서로 교제하면서 연합해야 합니다. 서로 받은 은혜를 나누면서 교제를 이어갈 때 영적인 새 힘을 얻을 수 있게 됩니다. 성도 간의 아름다운 교제를 통해 선하고 아름다운 연합을 이루어 가시기를 바랍니다.

#초월 시편 138편

내가 전심으로 주께 감사하며 신들 앞에서 주께 찬송하리이다
내가 주의 성전을 향하여 예배하며
주의 인자하심과 성실하심으로 말미암아 주의 이름에 감사하오리니
이는 주께서 주의 말씀을 주의 모든 이름보다 높게 하셨음이라
내가 간구하는 날에 주께서 응답하시고
내 영혼에 힘을 주어 나를 강하게 하셨나이다
여호와여 세상의 모든 왕들이 주께 감사할 것은
그들이 주의 입의 말씀을 들음이오며
그들이 여호와의 도를 노래할 것은
여호와의 영광이 크심이니이다
여호와께서는 높이 계셔도 낮은 자를 굽어살피시며
멀리서도 교만한 자를 아심이니이다
나가 환난 중에 다닐지라도 주께서 나를 살아나게 하시고
주의 손을 펴사 내 원수들의 분노를 막으시며
주의 오른손이 나를 구원하시리이다
여호와께서 나를 위하여 보상해 주시리이다
여호와여 주의 인자하심이 영원하오니
주의 손으로 지으신 것을 버리지 마옵소서 _시편 138:1~8

PSALMS

시편 138편은 다윗의 시입니다. 사무엘로부터 기름 부음을 받은 이후 그의 앞길은 그야말로 상승세를 타기 시작했습니다. 골리앗을 무찌르고는 이스라엘 역사의 전면에 나서게 됩니다.

그런데 이렇게 탄탄대로를 달릴 것 같았던 그는 사울왕의 시기로 말미암아 죽을 위기에 처하고 맙니다. 도망자 신세가 된 다윗은 그야말로 나락에 떨어진 인생이 되고 말았습니다. 하지만 다윗은 끝끝내 그러한 인생의 하락세를 반전시키고 이스라엘을 대표하는 왕이 되었습니다.

다윗이 인생을 반전시킬 수 있었던 원동력이 무엇일까요? 바로 감사 신앙입니다. 그는 어떤 문제와 사건 속에서도 결코 원망하거나 불평하지 않았습니다.

고난이 닥치면 그것을 영적으로 해석하고 영적 대응을 했습니다. 그가 내린 선택은 감사와 찬양의 삶이었습니다. 어떤 위기에 처하더라도 다윗은 감사와 찬양을 놓치지 않았던 것입니다.

**내가 전심으로 주께 감사하며 신들 앞에서 주께 찬송하리이다
내가 주의 성전을 향하여 예배하며 주의 인자하심과 성실하심**

으로 말미암아 주의 이름에 감사하오리니 이는 주께서 주의
말씀을 주의 모든 이름보다 높게 하셨음이라 _시편 138:1~2

다윗은 하나님을 향하여 너무나 기뻐하며 열정적으로 감사의 찬양을 했습니다. '전심으로'라는 표현은 나누어지지 않은 한 마음을 말합니다. 다윗은 예배의 대상이 오직 여호와 하나님밖에 없음을 고백하고 있는 것입니다.

다윗은 전심으로 하나님께 감사했고, 전심으로 하나님을 찬송했습니다. 우리도 신앙생활을 할 때 이런 '전심으로'의 영적 자세가 필요합니다. 100%의 꽉 찬 마음을 가지고 하나님 앞에 나아가야 할 것입니다.

너가 간구하는 날에 주께서 응답하시고 내 영혼에 힘을 주어
나를 강하게 하셨나이다 _시편 138:3

다윗은 우선 하나님께서 자신의 기도에 응답하여 주심에 감사를 드립니다. 그런데 다윗의 이 감사는 단순히 기도 응답에만 초점을 맞추고 있는 것이 아닙니다. '내 영혼에 힘을 주어 나를 강하게 하셨다'는 부분이 핵심입니다.

지금 당면한 문제가 해결 되고 안 되고를 떠나서 그 고난과 시련 속에서 기도했더니 하나님께서 자신을 더 강하게 만들어 주셨다는 고백입니다. 문제를 영적으로 해석하고 영적인 대응을 했던 것입니다.

이처럼 다윗의 감사 신앙은 그 수준과 차원이 완전히 달랐음을 알 수 있습니다.

> 내가 환난 중에 다닐지라도 주께서 나를 살아나게 하시고
> 주의 손을 펴사 내 원수들의 분노를 막으시며 주의 오른손이
> 나를 구원하시리이다 _시편 138:7

다윗은 위기 가운데에서도 결코 불평하지 않았습니다. 하나님의 보호를 믿으며 감사의 고백을 드렸습니다. 차원이 다른 초월적 감사의 수준을 보여 준 것입니다.

이런 초월적 감사는 언약 붙잡은 기도로부터 시작됩니다. 언약 기도의 권능을 체험한 사람은 문제와 사건 앞에서 결코 흔들리지 않습니다. 말씀 속에서 언약을 붙잡고 감사의 기도 속으로 들어가시기 바랍니다.

#할렐루야 시편 150편

할렐루야 그의 성소에서 하나님을 찬양하며
그의 권능의 궁창에서 그를 찬양할지어다
그의 능하신 행동을 찬양하며
그의 지극히 위대하심을 따라 찬양할지어다
나팔 소리로 찬양하며 비파와 수금으로 찬양할지어다
소고 치며 춤 추어 찬양하며 현악과 통소로 찬양할지어다
큰 소리 나는 제금으로 찬양하며
높은 소리 나는 제금으로 찬양할지어다
호흡이 있는 자마다 여호와를 찬양할지어다

할렐루야 _시편 150:1~6

시편 150편은 할렐루야로 시작해서 할렐루야로 끝이 납니다. 이 '할렐루야'는 '여호와를 찬양하라'는 의미입니다. 이 시편 150편의 기자는 계속해서 하나님을 찬양하라고 반복하며 강조하고 있는데, 찬양은 하나님께서 인간을 창조하신 본질적인 이유입니다.

하나님께서는 찬양을 받으시기 위해 우리를 창조하셨습니다. 그렇기 때문에 우리는 항상 하나님을 찬양하는 삶을 살아야 합니다. 찬송하는 삶을 통해 하나님의 임재를 체험해야 하는 것입니다.

> 할렐루야 그의 성소에서 하나님을 찬양하며 그의 권능의 궁창에서 그를 찬양할지어다 _시편 150:1

시편 150편의 기자는 '성소'에서 하나님을 찬양하라고 말합니다. 성소는 성전입니다. 구약시대에는 예배드리는 장소인 성전에만 하나님의 임재가 있었습니다. 그런데 예수 그리스도를 만난 이후인 지금은 어떻습니까? 성도 각 개인이 성전이 되었기 때문에 언제 어디서나 찬양을 드리게 되었습니다.

그리고 이와 더불어 이 시편의 기자는 '권능의 궁창'에서 찬양을 드르 라고도 말합니다. 이 세상의 모든 곳은 하나님께서 창조하셨습니다. 하나님의 권능이 미치지 않는 곳이 없습니다. '궁창'은 우주를 의미합니다. 즉 권능의 궁창이란 하나님께서 창조하신 모든 우주를 가리키는 것입니다.

우리가 어디에서 찬양을 드리더라도 하나님께서는 다 듣고 계신다는 사실을 우리가 알아야 합니다. 그러니 우리는 삶의 모든 발걸음 속에서 하나님께 찬양을 드려야 합니다.

> 그의 능하신 행동을 찬양하며 그의 지극히 위대하심을 따라 찬양할지어다 _시편 150:2

하나님의 '능하신 행동'이 무엇을 말하는 것일까요?

첫째로는, 그 누구도 모방하거나 흉내 낼 수 없는 하나님의 창조사역을 가리킵니다. 하나님께서는 빛과 어둠을 비롯해 이 세상 모든 것을 창조하셨습니다.

둘째로는, 하나님께서 택하신 백성을 구원하시는 구속사역을 말합니다. 하나님께서는 멸망 길로 갈 수밖에 없는 인간에게 영원한 생명을 주셨습니다.

이 시편 기자는 하나님의 이 놀라운 사역에 감사하며 찬양하자는 겁니다.

그리고 이어서 '위대하심'을 따라 찬양하라고 말합니다. 전지전능하신 창조주, 무소부재하신 절대주권자 하나님께서는 그 자체로 위대하신 존재입니다. 그야말로 찬양받으시기에 합당하신 분이므로 우리가 찬양하여야 한다는 것입니다.

> 나팔 소리로 찬양하며 비파와 수금으로 찬양할지어다 소고 치며 춤 추어 찬양하며 현악과 퉁소로 찬양할지어다 큰 소리 나는 제금으로 찬양하며 높은 소리 나는 제금으로 찬양할지어다 _시편 150:3~5

시편 150편의 기자는 구체적인 악기 이름을 제시하며 찬양하라고 말합니다. 이는 온 정성, 모든 재능을 다하여 전심으로 찬양하라는 의미입니다. 하나님께서는 우리가 전심으로 찬양하기를 원하시는 분입니다.

> 호흡이 있는 자마다 여호와를 찬양할지어다 할렐루야 _시편 150:6

'호흡이 있는 자'는 모든 사람을 말합니다. 모든 피조물은 창조주 하나님을 찬양하는 것이 마땅하다는 것입니다.

우리는 하나님을 찬양하도록 지음받은 존재입니다. 구원받은 우리가 하나님을 찬양할 때 비로소 참 행복의 삶을 살아갈 수 있게 되는 것입니다. 기쁨과 감격의 찬양 속에서 하나님께서 주시는 은혜를 한껏 누리시기를 바랍니다.

펴낸날 초판 1쇄 2025년 10월 25일
지은이 정은주
펴낸이 지무룡
펴낸곳 가스펠북스
기획 배성원
일러스트 여지아
디자인 DALBOOKS
출판등록 109-91-93560
주소 서울시 강서구 화곡로 63길 65, 101호
전화 02) 2657-9724
팩스 02) 2657-9719
홈페이지 www.iyewon.org
값 12,000원
ISBN 979-11-981688-9-4(03230)